Coachez votre intuition

Et provoquez le hasard

Du même auteur

Les livres

L'Intelligence intuitive, Quintessence, 2003.

Des actions pour changer votre vie, avec Gilles Guyon, Quintessence, 2004.

Le Voyage de Léa, J.-C. Gawsewitch, 2006 ; France Loisirs, 2007.

Le Guide de la personne heureuse, Le Courrier du livre, 2009.

Petites stratégies du bonheur, Le Courrier du livre, 2010.

Les portes de l'intuition – cartes oracles, Exergue, 2011.

Les 9 secrets de l'intuition, Quintessence, 2011.

Les cd

Contacter et développer son intuition, autoédition, 2004.

Harmonisation des chakras, autoédition, 2004.

Guérir l'enfant intérieur et libérer l'adulte, autoédition, 2006.

Le site Internet

www.vanessa-mielczareck.eu

Vanessa Mielczareck

Coachez votre intuition

Et provoquez le hasard

MARABOUT

Remerciements de l'auteur

À ceux qui ont participé à mes formations sur le développement de l'intuition, leurs résultats ont validé tous les exercices proposés dans cet ouvrage, je les remercie aussi pour leurs précieux témoignages dont certains illustrent mes propos ;

À mes collaborateurs et amis pour leur soutien et encouragements constants durant ces dernières années : Laurence Simenot, Brigitte Barberanne, Guy Ravenel et Gilles Bouilliez ;

J'ai une tendre pensée pour mon époux et coach Gilles Guyon dont l'amour et la force intérieure me permettent de concrétiser tous mes projets ;

J'adresse aussi ma gratitude à ceux qui ont été mes enseignants à certains moments de mon parcours, Hélène Roubeix, Judee Gee, Georges Escribano, Antoine Filissiadis… chacun a déposé en moi une empreinte devenue féconde dans l'écriture aujourd'hui ;

Et enfin, toute ma reconnaissance est destinée à Catherine Maillard, Florence Lécuyer et Aurélie Delahaie qui ont rendu possible la publication de ce livre.

Sommaire

Introduction

Pourquoi ce livre aujourd'hui ?

À l'origine de ce livre, quelques questions fondamentales susceptibles d'habiter chacun de nous à un moment de notre vie. Peut-on agir sur notre destinée en écoutant notre intuition? Est-il possible d'obtenir réellement ce que l'on veut de la vie? Peut-on provoquer le hasard et créer des « coups de chance » ?

Chaque jour, et à de multiples niveaux, nous sommes confrontés à des situations qui nous commandent de choisir. Pour cela, nous devons définir notre position, puis négocier dans des domaines aussi variés que les relations amicales ou sentimentales, le travail, l'argent, les enfants… Il arrive que nous ayons une idée précise de ce qu'il y a de mieux pour nous et pour nos proches, mais parfois nous nous sentons dans le brouillard : tant de paramètres nous demeurent inconnus que nous manquons de discernement pour savoir quelle décision prendre. Ou, à l'inverse, situation fréquente dans nos sociétés surinformées, on dispose de tant de connaissances que cela engendre une confusion où nous nous sentons tout autant perdus. D'autres fois, nous avons une idée très précise de ce qu'il nous faudrait, mais nous ne savons pas comment l'obtenir. L'éducation que nous avons reçue, tant à l'école que dans notre famille, nous enseigne en effet comment faire, mais ne nous apprend pas toujours comment vivre. Savoir vivre, c'est savoir être heureux, et cela, contrairement à une idée reçue, tout un chacun peut l'apprendre en développant certaines facultés. L'intuition en est l'un des outils les plus importants.

S'ouvrir à la vision intuitive

Notre époque est en pleine mutation : le confort matériel étant de plus en plus accessible, les sources de satisfaction tendent à se déplacer vers la réalisation personnelle, et la quête de sens touche désormais aussi l'activité professionnelle, dont on attend qu'elle participe à notre réalisation personnelle. Nos besoins et nos valeurs se modifient, nos préoccupations sont de plus en plus tournées vers l'intérieur. Femmes et hommes cherchent désormais à réussir leur vie, et plus seulement à réussir dans la vie. Ils sont en quête de sens et aspirent à un véritable accomplissement, tant personnel que professionnel.

Pour aborder le quotidien dans toutes ses dimensions, un esprit rationnel et logique ne suffit pas. Celui-ci est bien sûr nécessaire, car il nous permet d'organiser nos connaissances, de comprendre et d'apprendre à partir de nos expériences personnelles. Cependant, pour devenir conscients de la façon dont nos pensées et nos émotions influencent les événements qui s'agencent autour de nous, nous devons aussi apprendre à utiliser notre intelligence intuitive, créative et sensible. Bien que souvent ignorée, cette polarité de l'intelligence est présente en chaque être humain.

Le psychanalyste C.G. Jung définit quatre fonctions pour appréhender la réalité, dont l'importance respective caractérise les différents profils psychologiques : la pensée (rationnelle), le sentiment, la sensation et l'intuition. Ce n'est qu'en apprenant à utiliser toutes nos fonctions psychologiques que nous pouvons devenir des êtres accomplis, véritablement maîtres de notre destin.

Développer notre intelligence intuitive, c'est-à-dire nous tourner vers cette partie irrationnelle de nous-mêmes, nous rendra de plus en plus intuitifs. Ce faisant, nous permettrons aux synchronicités (qui sont des coïncidences porteuses d'un sens et d'un message) de trouver leur place dans notre vie pour la faire tendre vers le meilleur, pour nous-mêmes mais aussi pour les autres.

Loin de se baser sur des concepts ésotériques, ce livre s'inscrit plutôt dans la lignée de la psychologie moderne et de la philosophie intuitionniste contemporaine, décrite précisément dans *l'Encyclopédie universalis* dans l'article intitulé « De l'intuition contemplative à l'intuition productrice » et dont ont traité de nombreux philosophes. Selon Aristote, l'intelligence intuitive est un genre de connaissance qui permet de saisir les principes : « Elle appréhende les définitions dont il n'y a pas de démonstration. » Descartes définit l'intuition comme la « connaissance immédiate et certaine des choses, elle est une opération première de l'esprit ».

Bergson, lui, décrit son rôle fondamental dans *Le Savoir* : « À l'époque de l'humanisme et dans la grande époque classique, la conception de la connaissance se réorganise à nouveau autour du primat de l'intuition intellectuelle. Cette tendance [...] est renforcée par l'importance nouvelle que l'on accorde au modèle mathématique de la connaissance, étant donné qu'on interprète la "mathésis" comme un enchaînement des évidences intellectuelles. » Bergson privilégie donc un système de pensées et de comportements qui associe nos deux polarités psychiques : le rationnel et l'intuitif. La méthodologie pratique qu'il propose s'appuie sur les travaux de l'un des fondateurs de la psychanalyse, Carl Gustave Jung[1], dont la démarche consistait à appliquer la méthode scientifique à l'élucidation de phénomènes dits irrationnels.

Robert Hopcke*, qui dirige un Centre d'études symboliques (c'est-à-dire un institut de formation aux techniques

1. Les noms suivis d'un astérisque renvoient à la bibliographie.

de la psychologie analytique jungienne), explique ainsi : « Dans l'étude de ces phénomènes, Jung gardait constamment à l'esprit la question suivante : quelles sont les circonstances psychologiques, conscientes autant qu'inconscientes, qui font que le vécu extérieur est affecté de manière aussi inoubliable, aussi génératrice de transformation ? »

Cet ouvrage vous apprendra à vous laisser guider par cette intuition qui réside déjà en chacun de vous mais à laquelle vous n'accordez pas toujours votre confiance. C'est précisément cette confiance en votre intuition qui vous permettra de provoquer le hasard en créant des synchronicités qui, comme nous le verrons, sont ces coïncidences qui « apportent des réponses ». En comprenant ce qu'est cette intelligence, puis en appliquant avec régularité quelques exercices simples, vous apprendrez à reconnaître et à interpréter ces formes troublantes de coïncidences. À mesure que vous saurez les reconnaître, vous remarquerez que les faits confirmeront vos intuitions, ce qui amplifiera considérablement votre confiance en votre intelligence intuitive. Chacun a déjà été confronté à une opportunité qui l'a conduit à penser « C'est exactement ce que j'aimerais faire » ou « Ce serait parfait pour moi ». Pourtant, nous n'avons pas toujours su saisir ces occasions, car la partie rationnelle de notre esprit a pu nous détourner de notre intuition avec des craintes telles que « C'est peut-être risqué ! », ou « Je ne vais sans doute pas y arriver… », ou encore « C'est trop beau pour que ça marche vraiment ! » *A contrario*, on remarque que la majorité des personnes qui réussissent dans la vie font naturellement confiance à leur intuition. Elles admettent suivre les « messages » qu'elles reçoivent, même lorsque ceux-ci semblent contraires à la logique rationnelle.

Que vous pensiez être peu ou pas intuitif, ou que vous le soyez sans savoir comment utiliser votre intuition, que vous soyez intuitif tout en ayant du mal à gérer les questions matérielles de façon réaliste. Ce livre peut vous donner des pistes de compréhension et de travail. Vous saurez aussi pourquoi à certains moments vous vivez des échecs dans votre vie privée ou professionnelle bien que votre idée intuitive de départ semble excellente. Les exercices proposés vous apprendront à concrétiser avec succès vos intuitions. Vous percevrez aussi de mieux en mieux votre dialogue interne, et repérerez ainsi qui pilote votre vie et de quelle manière. La raison, l'intuition, ou bien les deux?

Découvrez, pas à pas, comment fonctionne l'intuition, comment elle peut nous guider dans nos choix, nous révéler le sens d'une situation, nous prévenir des obstacles possibles ou encore des opportunités à saisir. Ensuite, par la pratique proposée ici, vous saurez développer votre intuition en toute confiance. Enfin et surtout, apprenez à faire de l'intuition un guide pour votre vie quotidienne !

Première partie

Comprendre la nature de l'intuition et l'appliquer dans la vie quotidienne

1.

L'intuition, source de changements et de réussite

L'intuition est un mode de perception et de connaissance qui touche différentes sphères du « savoir ». À travers l'intuition, nous recevons intérieurement des informations qui proviennent d'une partie de notre être, comme si nous avions un guide ou une zone de sagesse qui communique avec nous dans une dynamique intuitive. Notre corps, notre esprit et notre conscience sont les instruments d'expression de cette faculté intérieure.

Savoir qu'un fait va se produire, percevoir le véritable état physique ou psychologique d'une personne, avoir une compréhension immédiate d'une situation, être inspiré… tout cela relève du vaste champ d'application de l'intuition, qui nous procure un moment d'unité où il n'y a pas de doute possible.

Lorsque nous disons « j'ai l'intuition de… », nous signifions en fait « j'ai la connaissance intuitive de… ». Nous faisons tous l'expérience de l'intuition et repérons après coup que c'était bien une intuition… surtout lorsque nous ne l'avons pas suivie ! C'est en constatant les résultats de nos décisions sur notre vie que nous prenons conscience, mais dans un deuxième temps, que cette information, bien qu'irrationnelle et un peu mystérieuse, était juste.

Dans nos prises de décision, nous agissons généralement sous l'influence de quatre facteurs: la pensée rationnelle (logique et linéaire), la directive émotionnelle et affective, l'impulsion instinctive et archaïque, la pensée intuitive et globale. Ces quatre facteurs entrent parfois en contradiction. Le raisonnement intellectuel peut par exemple nous détourner de l'intuition, dont on a tendance à se méfier dans notre culture occidentale cartésienne. Pourtant, c'est la conscience de notre intuition qui nous permet d'ouvrir notre esprit à une conception plus globale de la vie et du monde dont nous faisons partie.

Étymologiquement, le terme vient du latin *intuitio*, dont le premier sens est « image réfléchie par un miroir », et d'*intueri*, qui signifie « regard ». Dans le vocabulaire philosophique et culturel d'aujourd'hui, le terme « intuition » est également chargé de l'héritage grec de la *noésis*, définie comme un acte simple de la pensée qui ne se disperse pas dans les moments de la perception et du discours.

Pour la neuroscience, il s'agit[1] en clair, du traitement et de l'association d'informations sensorielles captées par notre cerveau sans que nous en ayons conscience. En fait, notre intuition met en évidence la conclusion de ce processus. Constamment à l'affût notre cerveau enregistre sensoriellement le moindre changement dans notre environnement en vue d'une adaptation possible. C'est pourquoi de nombreux neuroscientifiques nomment l'intuition « inconscient d'adaptation .»

L'intuition est une aptitude humaine naturelle qui, comme toutes les autres capacités (physiques, intellectuelles...), peut se développer et s'approfondir grâce à un entraînement approprié. Considérée comme notre sixième sens, elle complète les cinq autres modes de perception sensorielle grâce auxquels nous apprécions notre réalité : visuel, kinesthésique (le toucher), auditif, gustatif et olfactif. L'intuition, elle, nous met en résonance avec ce qui réside dans notre cœur : au plus profond de nous, nous savons déjà comment être heureux, comment nous réaliser... et comment le partager avec les autres. Malheureusement, du fait de schémas familiaux plus ou moins conscients, du fait aussi

1. Voir « Gerd GIGERENZER » et « Roland JOUVENT » en bibliographie à la fin de l'ouvrage.

de notre culture et de notre mode de vie, nous ne nous autorisons pas forcément la liberté d'être et de vivre comme nous le ressentons. D'où la nécessité de faire un travail personnel pour s'affranchir des blocages et des limites liés à notre personnalité, à notre passé et à notre histoire familiale, un travail pour lequel chacun doit choisir l'outil qui lui convient : psychothérapie, psychanalyse, coaching (cf. Gilles Guyon, bibliographie), yoga, méditation… D'où aussi l'intérêt d'écouter en connexion avec cette intuition qui, à chaque instant, résonne en nous à notre insu.

Libre à chacun de suivre ou non les messages que l'intuition nous délivre. Ce qui est certain, c'est que plus nous suivons ses messages, plus notre intuition s'intensifie, car ce faisant nous lui laissons un espace toujours plus vaste pour s'exprimer. Suivre notre intuition renforce notre confiance dans son fonctionnement. Cette confiance s'installe avec le temps au fur et à mesure que les événements viennent confirmer nos intuitions, qui permettent par exemple de nous trouver au bon endroit au bon moment…

Sixième sens, l'intuition est donc un mode de connaissance et de compréhension du monde. Le corps est le médiateur de l'intuition : elle se manifeste par des images, des impressions ou des ressentis, ou encore par des sons (cette fameuse petite voix intérieure). Quel que soit son mode d'expression, l'intuition présente toujours un caractère d'évidence et de vérité pour soi, souvent impressionnant pour qui est à l'écoute des messages si précis qu'elle délivre. Lorsque nous apprenons à la percevoir, nous savons que l'information délivrée est juste tant elle s'impose à nous de façon certaine. Malgré tout, suivre son intuition nécessite une grande confiance et du courage, car le raisonnement intellectuel rationnel est incapable de la justifier ; il se peut même parfois que le message délivré aille à l'encontre de la raison… La pratique régulière et assidue est indispensable, car elle seule permet aux faits de corroborer notre intuition.

Grâce à son action anticipatrice, l'intuition donne le sens d'une situation avant que tous les éléments ne soient connus ou complètement identifiés, car elle provient d'un niveau d'intelligence plus profond que celui de notre conscient linéaire habituel. L'intuition provoque une forme de « percée » dans notre réalité, qui permet ce passage de l'invisible au visible.

L'intuition, que Jung a qualifiée de « fonction psychique irrationnelle », peut donc être considérée comme une passerelle entre la connaissance qui réside en nous et le monde qui nous entoure. Tout un savoir est en effet disponible, enregistré dans notre inconscient personnel et collectif, sous la forme d'une banque de données inépuisable. L'intuition nous fait pénétrer dans ce monde invisible et nous donne accès à une multitude d'informations qui éclairent notre relation avec la réalité. En cela, on peut la considérer comme une forme élaborée de langage qui nous permet d'exercer l'art de recevoir des messages.

> *L'intuition nous donne accès à une banque de données immense car les informations reçues ne proviennent pas seulement de nos expériences et de notre savoir personnel, mais aussi de l'inconscient collectif*** [1].

En vous familiarisant avec le processus intuitif, vous comprendrez comment interpréter de manière juste les messages de toutes sortes qui vous parviennent. Peu à peu, vous apprendrez à devenir pleinement conscient du monde qui vous habite et du monde qui vous entoure. Vous comprendrez mieux les liens et les échanges permanents qui existent entre ces deux mondes, extérieur et intérieur. Vous accéderez à votre vérité intérieure, comme à celle de l'autre. Vous pénétrerez derrière l'apparence des choses.

La confiance que vous accorderez à votre intuition se développera à mesure que les faits viendront valider votre intuition. Cela vous fera comprendre qu'elle n'est pas un pouvoir surnaturel réservé à quelques-uns, mais bien une capacité dont chaque être humain dispose. Si vous la développez, chaque événement de votre vie peut être une leçon en même temps qu'une orientation sur l'action juste à accomplir.

L'intuition peut être utilisée chaque jour et pour toutes sortes de questions. Grâce à votre persévérance, l'énergie

---

1. Les mots suivis de deux astérisques renvoient au glossaire.

dynamique de l'intuition amènera un véritablement changement, intérieur tout autant qu'extérieur. En vérifiant les résultats que vous obtiendrez au fur et à mesure de votre travail, vous saurez que vous pouvez vous fier à elle car elle vous aura permis de prendre les bonnes décisions. Vous remarquerez qu'il deviendra beaucoup plus facile de faire des choix et de prendre des décisions. Au fil de votre pratique, vous oserez prendre des risques, et ce en toute confiance... Vous constaterez qu'être en contact avec votre intuition vous ouvre à une vision des choses beaucoup plus globale.

Il n'est pas toujours facile de repérer la manifestation de son intuition et d'en interpréter les messages. Pour apprivoiser cette capacité, il est judicieux de s'entraîner à suivre les messages que l'on reçoit. Si le résultat est bénéfique et vous entraîne vers plus de facilité, c'est que vous étiez en présence d'une intuition. Par définition, il n'existe pas de « mauvaise » intuition. Entraînez-vous sur des petites choses au début et observez les résultats, cela vous donnera des points de référence vous permettant de vous familiariser avec son fonctionnement.

Vous permettre de répondre à des questions, de décrypter des messages, de vous ouvrir à des connaissances nouvelles, voici quelques-unes des prérogatives de l'intuition. Une fois apprivoisée, cette dernière devient un outil d'exploration aux champs d'application infinis.

En premier lieu, l'intuition est un outil indispensable à la compréhension et au décodage de la synchronicité.

2.

Devenir attentif à la synchronicité

Nous rencontrons la bonne personne au bon moment. Le désistement de quelqu'un nous permet d'obtenir la place ou l'affaire que l'on convoitait. Le retard causé par le brouillard de ce matin nous évite d'être pris dans un carambolage sur l'autoroute. Au réveil, nous avons l'idée d'organiser une réception au cours de laquelle deux personnes, se voyant pour la première fois, tomberont amoureuses et se marieront quelques mois plus tard…

Nous avons tous déjà fait l'expérience de ces manifestations simultanées et imprévisibles d'actes et d'événements qui n'avaient aucune raison de se retrouver ensemble. Nous nommons généralement ce phénomène « coïncidence ». En réalité, cette simultanéité inhabituelle de deux événements, finalement liés par leur signification, est ce qu'on appelle une « synchronicité ». Ce concept fut inventé par Jung dans les années trente. Il le définira précisément un peu plus tard dans son ouvrage *Ma vie* : « J'ai choisi le terme de "synchronicité" parce que l'apparition simultanée de deux événements liés par la signification mais sans relation causale me semble être un critère essentiel. J'emploie donc ici le concept général de synchronicité dans le sens spécial de coïncidence dans le temps de deux ou plusieurs événements sans relation causale et qui ont le même contenu significatif ou un sens similaire, et ce par opposition à "synchronisme", qui indique simplement l'apparition simultanée de deux phénomènes. »

Cette conjugaison parfaite d'éléments variés arrive toujours à point nommé, bien que nous n'en soyons pas toujours conscients. Écouter notre intuition nous permet de mieux comprendre le sens caché des synchronicités, dont le caractère significatif les distingue des simples coïncidences, qui elles sont souvent anodines. On peut dire en cela de la synchronicité qu'elle est une coïncidence porteuse d'un message : elle se manifeste toujours pour nous donner une réponse et nous faire avancer. Si, grâce à l'intuition, on cherche à la comprendre, la synchronicité annonce qu'un changement peut s'opérer dans notre vie, parce que nous y sommes prêts.

Il existe une gamme infinie de synchronicités. Leur intensité dépend de notre conscience et de notre ouverture d'esprit, mais aussi de notre désir de leur trouver un sens en nous fiant à ce que nous souffle notre intuition. Les synchronicités se produisent toujours pour attirer notre attention sur un point très précis : sans leur caractère imprévu et surprenant, nous ne les remarquerions peut-être pas. Si les synchronicités mineures nous permettent simplement de faciliter notre quotidien, il en existe d'autres qui peuvent changer le cours de notre existence. Celles-ci sont de véritables rendez-vous avec notre destinée, elles mettent en lumière un élément déterminant à côté duquel il ne faut pas passer. Lorsque se produit une synchronicité, il est fréquent de sentir que quelque chose advient qui nous dépasse.

Être à l'écoute des synchronicités, ces « coïncidences productrices de sens », nous permet non seulement d'en comprendre le sens mais aussi d'en produire, car devenir attentif aux signes cachés rend capable d'en décrypter davantage. Le développement de notre intuition nous ouvre donc à l'inconnu, parfois sous la forme de directions que l'on n'avait jamais encore songé à prendre dans notre vie, ce qui peut être déroutant. Comme nous le verrons, il importe de se familiariser avec le processus intuitif sur des situations d'abord banales et sans conséquences majeures.

La synchronicité, pour peu que l'on cherche à la comprendre grâce à notre intuition, met l'accent sur l'opportunité de modifier un paramètre de notre vie. Elle se révèle tout particulièrement importante car :

- elle nous permet des prises de conscience ;
- elle nous montre la nécessité d'opérer un changement dans notre vie ;
- elle nous pousse à réfléchir à des comportements et à des actes devenus si habituels qu'on ne s'interroge plus à leur sujet ;
- elle offre des réponses à nos questions ;
- enfin et surtout, elle est un atout déterminant pour passer à l'acte.

COMMENT UNE SYNCHRONICITÉ PEUT RÉPONDRE À UNE DEMANDE INTÉRIEURE…

Valérie, 26 ans, célibataire, secrétaire médicale.

Depuis quelques mois, je souhaitais vivement quitter le cabinet dans lequel je travaillais. Les trois heures de trajet quotidien m'épuisaient, mes horaires étaient contraignants… et pour tout dire mon travail m'ennuyait. Pas un jour ne passait sans que je demande à être guidée, car n'ayant pas fait d'études supérieures je ne savais comment changer d'orientation. Je prenais quotidiennement le RER pour me rendre à Paris, et un matin, alors que mon esprit flottait, j'ai remarqué les ouvrages reliés que mes voisines lisaient. Je me suis dit « Tiens, ce sont de beaux livres » et j'ai remarqué le nom du club de livres qui figurait sur la jaquette. Le soir même,

> en rentrant chez moi, mon regard est comme par hasard tombé sur une publicité au dos d'un magazine télé oublié sur la banquette. Elle faisait la promotion de ce même club de livres et de ses deux cents boutiques en France. En parcourant la liste des points de vente, j'ai constaté qu'il y en avait un dans ma ville ! Je téléphone le lendemain matin pour apprendre qu'une place de vendeuse était justement vacante... J'ai finalement obtenu cet emploi. Aujourd'hui, devenue première vendeuse, j'ai des responsabilités et un salaire intéressant, ainsi que des perspectives d'évolution dans le groupe.

Lorsqu'un point particulier de notre vie nous fait nous poser des questions, la réponse nous vient souvent de l'extérieur : une information à la radio ou à la télévision, une conversation téléphonique, le titre d'un journal, une phrase d'un livre… En regardant autour de nous, comme Valérie l'a fait, en étant attentifs et présents, nous permettons au monde extérieur d'entrer en résonance avec notre monde intérieur pour nous apporter des réponses, nous procurer des signes.

Si une synchronicité nous apparaît incohérente ou dénuée de sens, c'est qu'elle demande à être décodée. C'est là que l'intuition entre en piste. Interrogeons-nous : « Que signifie cette situation ou ce signe ? Qu'ai-je besoin de savoir ? Quel message dois-je entendre ? Qu'est-ce que cette coïncidence veut me dire ? » Prenons l'habitude de poser ces questions à notre intuition, et un bon nombre de réponses nous seront apportées au cours de notre journée. N'oublions pas que notre compréhension logique n'explore que les rapports de cause à effet, et ce sur un plan exclusivement matériel et mécanique. Au contraire, notre intelligence intuitive et créative, qui est globale, est plus apte à nous indiquer la direction à suivre pour avancer tout en nous éclairant sur le sens des événements.

On comprend mieux la nécessité de consacrer du temps au développement de l'intuition, un outil également primordial pour qui cherche à interpréter les signes multiples et souvent mystérieux qui jalonnent notre existence.

3.

Repérer les signes

Pour parvenir à une meilleure capacité de discernement, il nous faut apprendre à cultiver une approche non fragmentée des événements de notre vie pour en avoir une perception globale. Pour cela, notre esprit doit relier entre eux des éléments épars et apparemment sans lien, tout comme les pièces d'un puzzle ne révèlent l'image dans sa totalité qu'une fois assemblées. Chacun de ces éléments est un fragment de l'ensemble, aussi développer notre faculté de les associer active véritablement le processus de synchronicité. Généralement, certains signes avant-coureurs annoncent la venue d'une synchronicité. Notre intuition, si on la travaille, nous permet de distinguer ces signes annonciateurs, de sorte que nous devenons plus attentifs aux synchronicités.

DES SIGNES PRÉCURSEURS ANNONCENT UN CHANGEMENT…

Nadia, 32 ans, assistante de direction, divorcée et ayant la garde de ses deux enfants.

Juste après mon divorce, je me suis retrouvée au chômage quelque temps. L'entreprise qui m'employait fermait sa filiale du Sud-Ouest pour centraliser ses services sur Paris, aussi j'ai préféré renoncer à mon poste car je privilégiais le fait que mes enfants puissent voir leur père le week-end. Même sans emploi, je gardais confiance, car j'avais la certitude que cette période de chômage serait temporaire. Pendant un moment, des personnes appelaient chez moi en se trompant de numéro ; ils disaient : « Allô, je suis bien à la société X ? » Puis des bons de commande, qui ne m'étaient pas destinés, arrivaient sur mon fax… Je prenais tout cela pour des encouragements et me disais que je retrouverais bientôt une place. Un samedi matin, mon amie Aline m'appela par erreur. Nous avons bavardé et, me sachant seule pour le week-end, elle m'invita à participer à une randonnée le lendemain. Je sentais intuitivement que je devais accepter, car cette coïncidence était peut-être un signe. Le lendemain, je faisais la connaissance de l'un des randonneurs, il était directeur d'une chaîne de magasins et cherchait justement une assistante de direction… Je fus engagée dans la semaine.

J'ai toujours été attentive aux « signes du hasard », surtout dans les périodes difficiles de ma vie, où cela m'a beaucoup aidée.

Les personnes qui ne sont pas consciemment familiarisées avec leur intuition imaginent à tort que c'est un don mystérieux et magique tant elle semble jaillir de nulle part. En fait, notre intuition est une intelligence dont nous disposons tous pour faire des choix, résoudre des problèmes, comprendre le sens des événements et repérer les signes qui peuvent guider notre vie.

L'intuition est un outil tout à fait pratique et concret, mais elle est également fiable pour peu que l'on apprenne à en repérer les signes, et à distinguer l'intuition des fabrications mentales telles que l'imagination, les désirs, les peurs et les projections, comme nous le verrons plus loin.

Le sentiment de déjà-vu

Un jour ou l'autre, nous avons été interpellés par un phénomène qui a pu nous laisser perplexes : le sentiment de déjà-vu. Il peut se produire au sujet d'une situation précise que l'on a l'impression d'avoir déjà vécue, d'un lieu qui nous semble soudain familier ou d'une personne inconnue qu'on a le sentiment d'avoir déjà rencontrée. Ces scènes semblent être imprimées en nous et reviennent à notre « souvenir » en même temps que nous vivons le fait. C'est une sorte de chevauchement de la réalité. Trois pistes en particulier éclairent ce phénomène, libre à chacun de voir si l'une d'elles correspond à ses convictions personnelles.

- L'inconscient est parfois présenté comme un creuset dans lequel passé, présent et futur sont mêlés. Nous accédons à notre inconscient lorsque nous rêvons, et durant cette activité psychique nocturne intense nous pourrions « voir » des scènes en devenir. Cette vision rêvée nous reviendrait en mémoire au moment où nous vivons l'événement, la réalité basculant alors dans le sentiment d'avoir déjà vécu cela. L'espace d'un instant, nous nous sentons en décalage avec la réalité, dont nous devenons observateurs. Le fait de remarquer ce phénomène dénote une sensibilité, une capacité à vivre le présent avec une conscience en éveil. C'est toujours troublant d'expérimenter ce processus qui, bien souvent, concerne des situations banales, comme une réunion entre amis, la rencontre de personnes qu'on ne connaissait pas, une phrase entendue à la radio ou une scène se déroulant au coin de la rue…

- Dans votre conception de l'existence, vous croyez peut-être que chaque être humain, chaque animal est animé d'une âme qui s'incarne pour expérimenter une vie terrestre afin de poursuivre un processus d'évolution. Dans ce sens, l'âme « choisit » une famille et un corps qui répondra au mieux au travail à réaliser dans cette nouvelle vie. Elle a en quelque sorte le « script » de son déroulement, mais en oublie le contenu dès que le fœtus grandit dans le ventre de sa mère. On peut envisager que l'immense savoir de l'âme s'immisce dans le conscient de notre identité, faisant écho à la réalité avec une parfaite synchronicité.

- Toujours dans cette hypothèse d'une âme qui cheminerait de vie en vie pour progresser et intégrer des valeurs spirituelles dans l'humanité, il est inévitable qu'au cours de ses nombreuses vies sur terre elle ait croisé une multitude de personnes, de pays, de maisons, de circonstances. Il n'est donc pas impossible qu'il y ait parfois des « retrouvailles » de personnes, de lieux, sous la forme d'une superposition de deux époques ! C'est ce qui donnerait cette impression de reconnaissance sans lien avec notre vie présente.

Dans tous ces cas de figure, l'intuition peut être sollicitée afin de donner une compréhension des faits qui nous arrivent. Demandons-lui : « Qu'est-ce que cette impression de déjà-vu signifie pour moi? En quoi ce qui se passe est-il important pour me faire avancer? »

Chercher les messages des événements du quotidien

Les plus petits événements, les moindres détails d'une journée peuvent se révéler être une mine d'informations si nous savons y être attentifs. Il s'agit de garder un regard aussi attentif et lucide que possible sur notre quotidien. Cela requiert de notre part une grande présence à l'instant et un intérêt pour tout ce qui se passe, sans jugement de valeur. Notre quotidien fourmille de messages, de signes, de synchronicités. C'est notre regard ordinaire, et parfois négligeant, qui les banalise. Un beau jour, nous pouvons décider d'ôter nos « lunettes d'habitudes » pour nous sentir concernés par ce qui constitue chaque instant de notre vie, du plus banal au plus extraordinaire. Ce faisant, on permet à la magie de prendre place dans notre vie et de nous adresser ces clins d'œil de l'existence.

- *Pour accentuer votre regard conscient, apprenez à rendre significatifs les faits, les rencontres, les conversations, les appels téléphoniques…*
- *Ce qui se passe dans votre environnement extérieur est un miroir de qui vous êtes à l'intérieur.*

EXERCICE

Lorsque nous faisons un travail de croissance intérieur, cette lucidité nous apporte des éléments très intéressants. Nous pouvons les utiliser pour accentuer notre processus de changement, ils nous donnent un feed-back** de là où nous en sommes. Pour vous y aider, inscrivez sur votre carnet de notes personnelles les leçons ou les remarques que vous tirez d'éléments de la journée. Vous discernerez ainsi mieux l'implication qui existe entre vous, dans votre identité, et tout ce qui vous entoure. Ce travail vous aidera à retrouver votre puissance créatrice.

Vous saisirez davantage comment tout est relié sur certains plans et vous découvrirez la présence du Tout. Le fait que nous soyons des systèmes auto-organisés prend alors tout son sens.

4.

Se placer à l'écoute de son intuition

La plupart des situations que nous vivons nous donnent l'opportunité d'exercer notre intuition. Nous avons en permanence des choix à faire et des décisions à prendre, pourtant le doute s'installe, et avec lui la dualité. D'un côté, notre logique et la raison nous rassurent, car elles nous conduisent vers un chemin prévisible et sans surprise, dans lequel on a le sentiment de maîtriser notre destination finale. D'un autre côté, nous nous sentons attirés et interpellés par notre intuition, cette intelligence éclairée qui nous montre une autre vision des choses et nous guide sur un chemin parfois inattendu. Mais comme l'intuition ne nous renseigne pas forcément sur le déroulement des faits, nous avons l'impression de ne pas être complètement maîtres de la situation. Ceux qui ne se font pas assez confiance et qui méconnaissent le rôle de l'intuition abandonnent cette voie-là, par crainte de se tromper et de ne plus être capables de maîtriser leur vie. Lorsqu'une intuition nous fait ressentir quelque chose, on sent confusément qu'elle « dit vrai ». Si nous choisissons finalement une autre option, tout au fond de nous réside bien souvent le regret de ne pas avoir su écouter notre intuition.

Les personnes qui cherchent à se familiariser avec leur intuition doivent s'entraîner à la suivre le plus souvent possible. Pour commencer, il convient bien sûr de l'appliquer à des « petites » décisions du quotidien. Si l'enjeu est trop important, la peur pourrait filtrer l'information juste. Il est préférable que cela soit vécu comme un travail plaisant d'apprentissage constant. La confiance en soi augmente ainsi chaque fois que l'intuition aura été repérée, suivie et validée par le résultat escompté. C'est dans cette observation que nous comprenons à quel point l'intuition facilite toujours ce que nous entreprenons, et nous guide vers le meilleur pour notre vie.

Dans sa vie quotidienne, chacun de nous doit prendre une multitude de décisions concrètes. Cette intuition pratique se manifeste généralement de manière verbale: des messages nous dictent de faire ceci, d'appeler untel, d'aller à tel endroit…

Pour repérer quelle place vous lui accordez, prenez un moment pour saisir ce qui dans votre quotidien vous pousse à agir. Est-ce la réflexion et la raison? Est-ce la nécessité, le devoir ou l'obligation? Ou bien est-ce une intuition, une sorte d'idée qui vous est venue sans que vous ayez pu la prévoir?

COMMENT UNE COÏNCIDENCE PEUT RÉPONDRE À UN BESOIN...

Élisabeth, 43 ans, responsable d'un cabinet d'architectes.

Il fallait absolument que j'obtienne rapidement une entrevue avec M. Paul, mon conseiller en affaires, au sujet d'un contrat que je devais signer en fin de journée. Mais il demeurait injoignable, « en rendez-vous à l'extérieur » d'après sa secrétaire, qui faisait barrage car il était probablement débordé. J'avais vraiment besoin de le rencontrer et je prévoyais de passer directement le voir à son bureau. En revenant à mon cabinet pour un rendez-vous, j'eus une intuition : c'était une voix qui, à un carrefour, me disait « tourne à droite ». Cela m'éloignait de mon chemin habituel et direct, mais j'ai suivi cette indication, sachant qu'elle devait avoir un sens que je ne connaissais pas encore. Je roulais doucement quand, surprise, j'aperçus M. Paul qui sortait d'un immeuble, une mallette à la main. Je lui ai fait signe en klaxonnant et j'ai obtenu mon « entrevue » dans la rue ; il avait avec lui son ordinateur portable et a pu me fournir les informations dont j'avais besoin pour signer mon contrat le soir même.

Élisabeth repère les messages intuitifs et elle a pris l'habitude de les suivre. C'est ainsi que sa vie devient non-ordinaire et qu'elle laisse la surprise y trouver sa place. Elle vit sa dimension intuitive dans tous les domaines de sa vie, où chaque chose semble venir à point nommé.

Rappelez-vous que nous créons les conditions à la manifestation d'une synchronicité, qui n'est rien d'autre qu'une réponse à ce que nous, en tant que personnes, avons déterminé. Pour cela, il est primordial de parvenir à aligner nos paroles et nos actions sur nos pensées et nos perceptions. Sans cette unité entre notre monde intérieur et ce que nous exprimons, la conscience est condamnée à demeurer derrière un voile. Au contraire, une attitude constructive permet d'éveiller davantage notre conscience et d'accentuer la concrétisation de nos projets.

Entretenir un rapport de plus en plus direct avec notre intuition permet d'atteindre cette cohérence. Grâce à une certaine curiosité et à notre ouverture d'esprit, ses interventions se multiplient dans notre vie de tous les jours.

Lorsqu'une idée ou un désir parvient à votre conscience, ressentez-en d'abord la justesse, puis évaluez votre envie réelle de le concrétiser.

Pour ce qui est des obligations auxquelles vous ne pouvez pas vous dérober et où la décision personnelle n'intervient pas, mesurez la portée et le degré de votre implication per-

sonnelle en posant des questions à votre intuition. Cela vous donnera des indications sur l'énergie que vous pourrez consacrer à cette obligation.

À propos de tous vos actes, qu'ils soient choisis ou imposés, demandez à votre intuition quel est le moment le plus approprié pour concrétiser les choses et pour poser des actes.

Apprenez à écouter votre intuition pour ressentir l'énergie que vous pouvez consacrer à telle ou telle tâche. Agissez en fonction de ce que vous guide votre intuition, même si dans un premier temps cela ne vous semble pas logique.

L'intuition est également le mode de communication qui nous permet d'accéder à l'immense connaissance que nous possédons et qui dépasse notre connaissance intellectuelle consciente. N'est-elle pas celle qui inspire les découvertes des chercheurs et des scientifiques, tout autant que la création des artistes ? D'ailleurs, le point de vue de Kant[1] concernant l'intuition constructive (« l'intuition est le départ et le terme de la connaissance ») a été admis par des mathématiciens comme Brouwer ou Poincaré, ce dernier considérant que « c'est par la logique qu'on démontre, c'est par l'intuition qu'on invente ». Brunschvicg concevait lui aussi comme intuitive l'initiative de la pensée qui oriente la recherche et choisit les solutions fécondes…

1. Encyclopédie universalis.

L'intuition est donc un guide de tous les instants, si nous le décidons. Nous diriger en collaboration avec celui-ci nous amène à suivre le mouvement naturel de la vie, à nous laisser porter par la réalité qui nous entoure. Être guidé, c'est ouvrir en toute confiance les portes avec les bonnes clés, simplement et naturellement, sans forcer. Ainsi, en sachant être au bon endroit au bon moment, se trouve facilité le succès de nos actions. Nous apprenons à connaître et à sentir les choses avant qu'elles ne se produisent, et pouvons donc effectuer des modifications quand cela est nécessaire.

5.

Repérer ce qui n'est pas de l'intuition

Parmi la multitude d'informations, de perceptions et de sensations qui nous assaillent chaque jour, il semble peu aisé de reconnaître le message intuitif. Des études scientifiques sur le cerveau démontrent que nous avons environ soixante mille pensées par jour. Notre intelligence consciente n'accède qu'à une infime partie de cette masse de données ! Parfois, il nous semble que nous ne pensons à rien, mais cela n'est qu'une impression. Aussi, à la lecture des pages précédentes, les questions suivantes vous ont peut-être traversé l'esprit : « Comment savoir que mon ressenti, ma voix intérieure ou l'image qui me parvient à l'esprit est bien une intuition? Et comment être sûr que c'est une bonne intuition, et non pas le fruit de mon imagination, mes craintes ou mes rêves? »

Pour vous entraîner à reconnaître une véritable intuition, faites l'expérience de suivre un message lorsqu'il vous semble significatif et en correspondance avec une de vos préoccupations du moment. Commencez naturellement par écouter des indications qui ne risquent pas de bouleverser toute votre vie. Choisissez des petits actes à réaliser, puis regardez le résultat obtenu : il doit toujours être bon, favorable pour vous et pour votre vie. L'intuition conduit immanquablement vers plus de facilité pour nous aider à résoudre les situations.

L'INTUITION, UNE INVITATION À VIVRE LE CHANGEMENT

- Le but de l'intuition est de nous amener à une cohérence entre l'être et le faire. Naturellement, il est possible que nous ayons à poser des actes qui nous sembleront difficiles parce que nouveaux et différents de nos habitudes.
- Vous remarquerez que, très souvent, l'intuition nous aide à sortir de notre confort ou de notre routine. Vous verrez aussi que, bien souvent, elle possède une énergie de joie ou de pétillement.
- L'intuition nous permet de quitter nos schémas établis, nos références acquises, nos réflexions habituelles pour vivre le changement.

· L'intuition est une impulsion qui génère une dynamique de changement.

L'intuition nous guide toujours vers du mieux dans tous les domaines de notre vie, car elle ne subit pas l'influence des croyances, des scénarios de répétition, des conditionnements, etc. Elle nous met en contact avec ce savoir que nous avons au fond de notre conscience, là où nous savons ce qui est bon pour nous. Même si, dans un premier temps, il nous faut passer par une période de chaos, nous devons l'accepter car le chaos est passager, il est un des éléments naturellement entraînés par le changement.

En revanche, si vous avez suivi un message et que celui-ci ait amené des complications et des souffrances durables, sachez que ce n'était pas une intuition, mais plus probablement l'une des expressions suivantes…

- **L'expression d'un désir** qui ne pouvait pas vraiment se réaliser parce qu'illusoire. Parfois, nous nourrissons des rêves qui sont trop éloignés de notre réalité ou de nos capacités véritables.

Bien sûr, je suis pour une culture des possibles, mais nous devons veiller à ce que ceux-ci s'inscrivent en cohérence avec notre identité, notre champ d'action physique et psychique, notre environnement social et notre foi personnelle. Cela implique de rester lucides envers nous-mêmes, envers les autres et envers notre réalité.

Il n'est pas rare qu'une personne ait un désir très fort et pense qu'il s'agit d'une intuition. Si ce désir ne se réalise pas et si, au contraire tenter de l'atteindre amène des difficultés à la personne, celle-ci peut, par déception et frustration, accuser l'intuition d'être fausse et mauvaise conseillère. Or l'intuition n'a rien à y voir.

- **L'expression d'une peur** qui nous habite. La peur est parfois tenace et même obsédante. Par exemple, lorsqu'on met en place un projet qu'on ne maîtrise pas tout à fait ou que l'on traverse une situation préoccupante, on peut facilement confondre sa peur avec son intuition. Remarquez comment, bien souvent, nous avons une prédisposition à envisager le pire… Cela peut dénoter un manque de confiance et d'estime de soi ou une mauvaise évaluation des facteurs. Dans ce moment, nous avons peur d'échouer, de perdre…

Il nous faut donc apprendre à assumer la possibilité de l'échec, intégrer cette éventualité pour transformer la peur de l'échec en levier de changement.

Bien souvent, l'objet d'une peur a tendance à se matérialiser dans notre réalité car nous nous focalisons sur cette émotion et finissons par envisager avec précision ses conséquences possibles sur notre vie. Cette attitude favorise sa concrétisation car, en dirigeant ainsi les énergies de nos pensées, nous canalisons une intention d'échec, cela alors que nous souhaitons précisément échapper à cette finalité… Pour sortir de cette spirale et atteindre une vie harmonieuse, il nous faut envisager le succès dans nos pensées et nos paroles, il faut nous projeter dans cette réalisation.

De manière générale, les personnes hypersensibles, dominées par la peur ou par d'autres émotions, gagnent à apprendre à les gérer pour ne pas être manipulées par elles lorsqu'elles les confondent avec des informations intuitives.

- **L'expression d'un doute** qui peut sembler être un avertissement chargé de sens. Le doute naît de la méfiance, d'un mental négatif, surtout si on a l'habitude de douter de tout. Bien souvent, il conduit à l'indécision et à l'inaction. Il s'agit d'un frein que l'on nomme aussi « mécanisme de fuite », qui vise à nous protéger de ce que nous percevons comme un danger : le changement de nos habitudes, de notre confort, la peur du lendemain, de l'inconnu. Si telle est votre situation, vous devez faire un travail intérieur autour de la problématique du choix et vous discipliner pour entrer dans l'action.

- **L'expression d'une croyance** qui s'impose à nous avec une conviction parfois troublante. Dans le cas où elle est positive, elle a toutes les possibilités de se manifester concrètement. En fixant notre intention sur celle-ci, elle devient une sorte de prédiction. Si je crois en quelque chose fortement, cela entre dans mon champ des possibles, et devient donc réalisable. C'est ce que je crée par ma façon d'être, de faire, et grâce à ma force de conviction.

Si la croyance est négative, elle aura aussi, en étant activée par notre conviction, l'opportunité de devenir réalité. Vous pouvez mesurer combien il est essentiel d'avoir conscience de ses croyances afin de les orienter le cas échéant vers une nouvelle construction. Dans ce cas, il s'agit plutôt d'une autosuggestion que d'une intuition. Dans la deuxième partie de l'ouvrage, vous trouverez des pistes pour clarifier le système mental et le reprogrammer afin de vous aider dans ce processus (voir pages 143 et suivantes).

Notre mental détient une force extraordinaire car il bénéficie d'une empreinte cartésienne reconnue dans notre culture occidentale. Il nous incite à voir les autres personnes, les situations, d'une certaine manière. Il est en quelque sorte un système auto-organisé qui est façonné par plusieurs facteurs : notre histoire familiale, notre éducation, la culture sociale, la manière dont nous avons vécu des échecs, la nature de l'opinion que nous avons de nous, la nature des liens que nous tissons avec notre entourage tout au long de notre vie, le degré de permission que nous nous accordons…

Tout cela conditionne notre façon de penser et de comprendre notre existence, la place que nous occupons et ce vers quoi nous nous tournons.

- **L'expression d'un fantasme** qui contient nos espoirs et nos illusions. Certaines personnes rêvent leur vie plus qu'elles ne la vivent réellement. Dans ce cas, imagination et réalité se superposent. Comme de telles personnes ont facilement accès à leur cerveau droit, une confusion peut s'établir avec un chevauchement de l'imagination sur l'intuition. Dans ce cas précis, l'information n'est pas reçue mais conçue, elle est une projection associée à un désir…

Une information imaginaire ne se concrétise pas dans la réalité car elle appartient à une sphère onirique. Elle est un fantasme, une fantaisie, une chimère.

Dans le processus de développement de l'intuition, nous utilisons bien l'imagination, mais en la canalisant dans les visualisations, les rêves éveillés et la méditation. C'est là un cadre de travail spécifique.

- **L'expression d'une compulsion**, qui peut se confondre avec une intuition tant son expression est forte. La compulsion est l'impossibilité de ne pas accomplir un acte, car le non-accomplissement génère angoisse et culpabilité. L'intuition et la compulsion poussent toutes deux à agir, mais avec la compulsion nous le faisons dans l'urgence du fait de cette pression qui s'exerce en nous, à laquelle on cherche à échapper en agissant impulsivement. L'idée que nous ne pouvons pas faire autrement et que nous raterions quelque chose est très présente. Après avoir agi de manière impulsive, on remarque que la pression tombe et disparaît. Il s'ensuit souvent un état de vide dans lequel rien n'est fécond, où l'on se sent un peu désemparé. Dans l'action impulsive liée à la compulsion, une partie de la réalité est occultée ; au contraire, l'intuition nous permet de prendre en compte tous les paramètres de notre réalité, intérieure et extérieure. La compulsion prend racine dans nos désirs et nos besoins impérieux liés à notre instinct de survie ou à un mécanisme de défense.

LA MÉDIUMNITÉ

Chaque personne porte en elle la faculté intuitive, alors que les facultés médiumniques relèvent de phénomènes paranormaux. Un médium dispose du pouvoir de communiquer avec des entités spirituelles, dont il se fait le canal.

LA TÉLÉPATHIE

- La télépathie, phénomène assez répandu, est un transfert de pensées entre deux personnes. Par exemple, il arrive fréquemment que mon mari, me devançant de quelques secondes exprime la pensée qui vient de me traverser l'esprit, et ce avec exactement les mêmes mots. L'inverse arrive souvent aussi, et ce phénomène se produit régulièrement avec l'un de mes collaborateurs lorsque nous animons un cours.
- Ce fonctionnement qui nous donne le sentiment d'être sur la même longueur d'ondes se manifeste le plus souvent avec des personnes qui nous sont proches. Il ne s'agit pas d'intuition, mais simplement de connexions cérébrales qui montrent à quel point nous sommes reliés les uns aux autres.

6.

Sommes-nous tous intuitifs ?

L'idée que certaines personnes ont de l'intuition et d'autres non est très répandue. Or, l'intuition existe bel et bien en chacun de nous comme un potentiel à exploiter. Certains d'entre vous l'utilisent même déjà sans le savoir !

Dans notre nature humaine, l'intuition est une fonction psychique issue de l'hémisphère droit du cerveau (dans le néocortex). Elle est en lien avec le principe féminin présent en chacun de nous. C'est pourquoi, dans le langage courant, on attribue facilement cette capacité aux femmes. En fait, elle ne leur est pas spécifiquement réservée, car chacun, homme ou femme, porte en lui le principe masculin et le principe féminin. Il est donc important de comprendre l'existence de ces deux pôles et de tenter de parvenir à l'équilibre entre notre polarité logique, structurée, et notre polarité intuitive, créative et sensible.

Nous sommes dotés de trois cerveaux ayant des fonctions et des aptitudes bien distinctes.

- Le cerveau reptilien régule les fonctions vitales et/ou végétatives : faim, soif, sommeil, sexualité, sens du territoire. Cela concerne les automatismes et les réflexes innés.
- Le cerveau limbique permet l'adaptation à l'environnement dans l'évaluation de ses ressources. C'est le siège de la mémoire et des émotions qui sont associées aux expériences. Il favorise les apprentissages acquis créant des réflexes conditionnés : récompenses, punitions, peur, dégoût, résultats des sentiments de plaisir et de déplaisir. Nous parlons parfois d'une « intelligence émotionnelle ».
- Le néocortex est la partie de l'écorce cérébrale recouvrant les côtés des deux hémisphères, le droit et le gauche. C'est précisément à cet endroit qu'est stimulée l'aptitude intuitive. Le néocortex gouverne les comportements réfléchis et adaptés à toutes sortes de situations. Notre intelligence rationnelle et/ou imaginative et créatrice en découle. La conscience du futur et son élaboration en font un cerveau dit « supérieur ».

Du fait de ces deux cerveaux, le gauche et le droit, nous pouvons appréhender ce qui se passe dans notre vie de plusieurs manières spécifiques. La première et la plus courante consiste à utiliser notre pensée rationnelle et logique. Nous sollicitons là le cerveau gauche (aspect masculin, linéaire, analytique…). La seconde manière consiste à activer notre intelligence intuitive et créatrice, c'est-à-dire le cerveau droit (aspect féminin, imaginatif, réceptif…). Ce dernier cherche à faire émerger le sens caché des choses, au-delà de toutes les apparences.

Le tableau ci-contre, inspiré des travaux des psychologues Dethlefsen* et Dahlke*, décline les grandes spécificités du néocortex.

LES DEUX HÉMISPHÈRES DU CERVEAU

Hémisphère gauche	**Hémisphère droit**
Intelligence analytique	Intelligence intuitive
Logique, concentration	Imagination, rêverie
Raison	Approche systémique
Langage	Sensualité
Alphabet romain	Idéogrammes chinois
Classement, sens du détail	Vision globale
Mathématiques	Phénomènes sensibles
Le « je » individuel	Les autres, le « nous »
Discipline	Imagination
Vie dans le temps linéaire (hier, aujourd'hui, demain)	Vie dans le moment présent
Arithmétique	Poésie
Contenu du discours	Symboles, langage des signes
Apprentissage mécanique	Expression artistique
Masculin, action, soleil...	Féminin, écoute, lune...

Ressources associées	
Volonté en vue de faire	Lâcher-prise en vue d'être
Force	Souplesse
Organisation	Contemplation
Action	Écoute, communication chaleureuse
Concrétisation des projets, réalisation	Créativité, quête de sens
Calcul	Intuition, spontanéité
Émission (le soleil)	Réceptivité (la lune)
Mouvements associés	
Orientés de l'intérieur vers l'extérieur	Orientés de l'extérieur vers l'intérieur
Perçants, linéaires et pénétrants, carrés	Ronds, en forme de vague, enveloppants, circulaires
— → >	≈ O
Faire, avoir	Être
Reliés au principe masculin	Reliés au principe féminin

Cette liste montre à quel point les deux polarités de notre cerveau sont complémentaires. Pour accéder à l'unité intérieure et à l'équilibre, nous avons donc besoin de créer des passerelles entre notre principe féminin et notre principe masculin[1]. Même si certains vivent en utilisant exclusivement un seul des deux hémisphères, il est préférable d'apprendre à cultiver les qualités inhérentes à chacun d'eux. Il m'est

1. Voir « Paule SALOMON » dans la bibliographie à la fin de l'ouvrage.

arrivé de rencontrer des personnes extrêmement sensibles et intuitives, disposant de grandes facultés psychiques, mais qui, par manque de « masculin intérieur », n'arrivaient pas à concrétiser leurs projets. Pour prendre forme, tout processus de création nécessite en effet un minimum de structure, de rigueur et de persévérance.

Ayez conscience des aspects qui sont le moins présents chez vous, cela vous permettra de travailler à les développer. Si vous repérez que certaines de ces ressources vous font défaut, faites-les croître en toute conscience et, surtout, manifestez-les dans la réalité. En effet, pour construire une vie pleine de sens et concrétiser des projets, nous avons besoin de développer tout notre potentiel.

Par exemple, pour développer votre aspect masculin, donc votre structure interne et vos capacités de passage à l'action, toutes les techniques de coaching sont utiles, mais aussi les activités physiques et les sports d'endurance, qui mobiliseront cette force intérieure. Pour favoriser l'intériorisation du principe féminin, pratiquez par exemple le yoga, la méditation, l'écoute de la musique, la lecture et les promenades dans la nature.

EXERCICE

Afin de vous éclairer davantage sur ce point, voici un récapitulatif des ressources masculines et féminines. Vous pensez peut-être que telle ou telle qualité est totalement absente de votre identité. Sachez pourtant qu'elle existe à l'intérieur de vous, invisible et de manière latente, et qu'elle n'a pas encore eu l'occasion de se développer. Imaginez cette ressource comme une graine qui nécessite vos soins et votre attention. En prenant conscience de ces aspects à renforcer, vous commencez déjà à activer le processus de croissance de cette graine.

Dans les deux listes qui suivent, entourez les qualités que vous estimez en faiblesse chez vous afin de vous donner l'occasion de les travailler dans les prochains jours.

Ressources d'énergie masculine

Action, concentration, analyse logique, raisonnement, rigueur, gestion du temps, capacité à passer à l'action, à rebondir dans la vie, permission de réussir dans la vie, puissance, esprit de conquête, volonté de dépassement, motivation, structuration, organisation, maîtrise, prise en compte de la réalité matérielle dans la parole et dans l'action, précision et clarté de la parole et sens du détail…

Ressources d'énergie féminine

Intuition, sensibilité, ressenti, conscience de ses besoins physiques et psychiques, ouverture, lâcher-prise, accueil, empathie, créativité, sens esthétique, perception globale des situations, adaptabilité, générosité, observation, diplomatie, symbiose, pensée analogique systématique, perception de ce qui est caché ou invisible…

Une fois que vous avez repéré les qualités qui vous semblent vous faire défaut, choisissez-en trois ou quatre que vous désirez travailler. Pour cela, ayez simplement l'intention d'être mis en face des situations qui favoriseront cette croissance, grâce aux activités ci-dessus. Vous pouvez aussi vous rapprocher de personnes ayant ces caractéristiques qui vous manquent ; en les côtoyant, vous apprendrez la manière dont elles s'y prennent.

Voici, à titre d'illustration, une situation personnelle : à une époque, je manquais d'audace pour oser dire et faire ce que je voulais réellement. Pour faire émerger ces aspects liés à ma polarité masculine, j'ai commencé à intervenir dans les conférences qu'on me proposait. Il m'a fallu pour cela changer, c'est-à-dire sortir du confort où je m'étais installée en refusant les interventions de ce type, qui m'exposaient. Au début de l'expérience, j'ai dû dépasser mes limites et mes peurs, responsables de mes blocages. J'ai peu à peu intégré cette audace d'oser faire et d'oser dire… Aujourd'hui encore, je continue de me donner de nouveaux défis à relever pour réduire toujours plus mes limites personnelles.

La présence à soi-même et un regard objectif sont les facteurs d'une meilleure connaissance de soi. Il est important d'être conscient de cela pour mieux saisir notre réalité quotidienne. Ici, l'intuition peut nous apporter une aide précieuse car elle nous renseigne sur ce que nous ignorons de nous-mêmes.

Afin de compléter votre développement sur un plan plus subtil, énergétique et inconscient, vous pourrez expérimenter une visualisation spécifique faisant appel à vos perceptions intuitives.

De cette manière vous pourrez mettre en lumière des éléments présents dans les fondations de votre identité. L'autre but de cette exploration intérieure est de rétablir le passage du courant psychique masculin et féminin en tant que source de renouvellement. Cette dynamique nous aide à sortir de la spirale domination/soumission/jeu relationnel assez répandu ! Nous pouvons également déceler plus facilement les éventuels schémas négatifs encore mémorisés intérieurement. Vous trouverez plus loin comment éliminer ces entraves et libérer votre puissance créatrice.

Quel que soit son sexe, chacun est porteur des énergies primordiales du masculin et du féminin.

Prendre conscience que ces deux polarités universelles cohabitent en nous et développer ces dimensions complémentaires apportent une nouvelle conscience de soi. Cela ouvre aussi des possibles dans la relation à l'autre.

Dans cette perspective de l'essence du couple présente en chacun de nous, nous pouvons envisager une complétude pour tendre vers l'union des inverses. Cette dualité masculin/féminin est inscrite au cœur de notre humanité, elle infuse dans nos cellules, dans le néocortex et dans toute notre structure énergétique. Paule Salomon, philosophe, écrivain, décrit précisément ces polarités et leur influence sur notre identité.

Pour résumer, le féminin intérieur peut être représenté ainsi : réceptif et créatif, il est empathique, ouvert et accueillant, intuitif et contemplatif, à la quête du sens des choses ; tout en rondeurs et en mouvements circulaires, il prend place dans le côté gauche de notre corps. C'est aussi le rapport à la mère.

Le masculin intérieur, quant à lui, possède l'énergie pénétrante qui favorise la concrétisation dans le matériel, la logique et le mental. Il agit dans une conception linéaire des choses. Volontaire et puissant, il s'inscrit du côté droit de notre corps, là où se situe le rapport au père.

Jung parle de ces polarités en tant que tissu psychique se référant au rêve et à l'âme. Dans la terminologie jungienne, le féminin intérieur est appelé « anima** » et le masculin intérieur « animus ».

VISUALISATION : LE COUPLE INTÉRIEUR

Afin de vous aider à vivre ces personnages à l'intérieur de vous, je vous suggère de les visualiser dans votre corps comme s'ils cohabitaient réellement en vous. Dans la première partie de l'exercice, vous les visualiserez tels qu'ils vous semblent être actuellement, puis vous dialoguerez avec votre intuition, et enfin vous les ferez se transformer jusqu'à ce qu'ils aient une physionomie et une dynamique qui correspondent à votre désir.

La visualisation créatrice est l'évocation mentale d'une idée, d'un symbole ou d'un projet. Vous pouvez construire des images ou des scènes qui s'inscrivent dans votre corps et votre psychisme. Grâce à votre concentration et à la stimulation de vos cinq sens, elle a tendance à se concrétiser à la manière d'une programmation.

EXERCICE

Vous pouvez éventuellement faire cet exercice seul, vous faire guider par une autre personne ou l'enregistrer au préalable. Dans cet exercice comme dans ceux qui suivront, il est primordial que vous soyez en état de réceptivité et de lâcher-prise.

- Installez-vous confortablement, puis fermez les yeux et détendez votre corps depuis la tête jusqu'aux pieds en ayant une respiration consciente et ample. Présent à vous, à votre état d'être intérieur, soyez attentif à chacune de vos inspirations, à chacune de vos expirations.
- Balayez mentalement tout ce qui vous dérange, pensées ou sensations physiques... Ayez conscience de tout votre corps...
- Trouvez un état de calme, puis demandez intérieurement à voir apparaître votre féminin intérieur dans le côté gauche de votre corps... et de l'autre côté votre masculin intérieur.
- Reprenez votre respiration calme, ne cherchez pas à contrôler ces images ou à en inventer avec votre mental, accueillez simplement celles qui se présentent à vous. Essayez de lâcher prise pour laisser venir spontanément les images qui vous arrivent. Si aucune n'apparaît, revenez à votre respiration ample. Tentez de revenir à votre présence intérieure, puis observez ce qui s'y passe sans chercher à l'intellectualiser.
- Accueillez les images symboliques qui se manifestent et viennent à votre esprit. Demandez à votre intuition de décoder ces images. Soyez simplement attentif à ce qu'elles évoquent en vous. Que se dégage-t-il de ces personnages ? Quelle impression vous font-ils ? Par exemple, concernant votre homme intérieur, est-ce la force, l'assurance de quelqu'un qui agit avec confiance, qui sait où il va ? Est-ce plutôt une certaine vulnérabilité, la timidité de celui

qui n'ose pas prendre position, qui se laisse manipuler par les autres ? Laissez-vous ressentir les choses... Comment pourriez-vous le décrire (taille, physionomie, vêtements) ?

Faites la même exploration au sujet de votre femme intérieure dans la conscience du côté gauche de votre corps.

- Revenez quelques instants à votre respiration ample, puis demandez à ces personnages ce qu'ils ont à vous transmettre comme message. Voyez ou ressentez la manière dont ils fonctionnent ensemble... Là aussi, laissez-vous guider par votre intuition. Soyez attentif à ce qui surgit spontanément dans votre esprit. À partir de ces indications, qu'avez-vous à modifier dans votre comportement, dans votre vie ou votre manière de penser ?
- Imaginez à présent que vous effectuez les transformations nécessaires pour que les figures intérieures vous correspondent... Soyez conscient de cette nouvelle dynamique qui vous anime. Prenez votre temps et ressentez ces modifications jusque dans votre corps.
- Pour finir l'exercice, ayez bien conscience de chaque nouvelle ressource que vous désirez intégrer.

Cette visualisation vous aidera à garder présent à l'esprit votre désir de transformation. Dans votre réalité, essayez d'agir le plus possible en adéquation avec ces nouvelles ressources que vous souhaitez faire vôtres.

NB : il se peut que la visualisation soit difficile si vous faites un exercice de ce type pour la première fois. Ne vous découragez pas, reprenez l'exercice régulièrement et entraînez-vous à ce lâcher-prise et à cette attente spontanée. Peu à peu, une image symbolique se formera.

7.

Comment se manifeste l'intuition ?

Julien, 42 ans, expert-comptable, régulièrement en déplacements professionnels...

Il y a encore une semaine, je conduisais à 130 kilomètres à l'heure sur l'autoroute du Soleil, la circulation était fluide et le temps clair. J'ai soudain eu l'intuition qu'il fallait que je ralentisse, et que je devais rapidement obtempérer. Je savais qu'il me fallait freiner tout en gardant ma file de droite, ce que je fis. Quelques minutes plus tard, en sortant d'un virage, je vois des voitures arrêtées sur la chaussée, warnings allumés. Un accident venait de se produire et la circulation était arrêtée. À demi surpris, je savais ce que mon intuition avait voulu réellement me dire.

Julien a remarqué qu'il lui arrive fréquemment de recevoir des messages qui le préviennent que quelque chose va se produire.

L'intuition a toujours une raison valable de se manifester à nous. Dans ce dessein, elle s'exprime et parvient à notre conscience grâce à trois modes de perception : la « clairsentience », la « clairaudience » et la clairvoyance.

- **La clairsentience** consiste à recevoir des informations par le biais de sensations corporelles et d'impressions physiologiques qui nous pénètrent pour traduire ce qui se passe autour de nous. Avec ce mode de perception, les pressentiments se produisent librement comme dans l'exemple de Julien. L'intuition s'appuie sur le ressenti, et nous devenons des « éponges ». Nous pouvons ressentir par exemple l'ambiance d'une pièce dans laquelle nous entrons ou l'état physique d'une personne… Parfois, vous avez pu remarquer qu'après avoir passé du temps avec une personne qui n'allait pas bien, vous-même étiez chargé d'une impression désagréable, comme si vous aviez « pris » le mal-être de celle-ci. Il n'y a aucune intention consciente dans ce processus, il s'agit simplement d'un échange énergétique qui se produit naturellement.

Les personnes ayant un ressenti dominant doivent apprendre à se protéger afin de préserver leur énergie et ainsi être capables de se respecter. Très sensibles, empathiques, elles ne savent pas toujours mettre des limites à autrui. L'exemple typique est celui de la bonne copine toujours prête à rendre service. Bien souvent, ces personnes en font beaucoup trop pour les autres et oublient de prendre soin d'elles-mêmes. Parfois, leur métier comble ce besoin d'aide et de dévouement à autrui : assistants sociaux, infirmiers…

Le mode de perception par la clairsentience indique également une prédisposition à la symbiose. Cette manière de vivre en lien fusionnel avec le monde extérieur et les autres date notamment de l'époque où nous étions nourrissons.

- **La clairaudience** est notre capacité à recevoir des messages verbaux. On l'appelle aussi la « petite voix intérieure ». Le plus souvent, elle exprime des informations pratiques et concrètes.

Cette conseillère nous suggère par exemple « Appelle telle personne » et, en lui parlant, nous nous apercevons que celle-ci avait justement quelque chose d'important à nous dire, ou encore « Va à tel endroit » et, sur le chemin, un fait se produit qui répond exactement à notre besoin du moment… Nous entendons des informations qui facilitent notre vie quotidienne, et qui peuvent parfois modifier le courant de notre existence. C'est alors que l'intuition se manifeste tel un véritable guide.

Odile, assistante maternelle de 55 ans, comment son intuition l'a aidée sur le plan de sa santé.

C'était il y a trois ans. J'étais chez moi, en train de faire le ménage, quand une « voix » me dit d'une manière impérieuse : « Fais des examens de santé. » J'ai été surprise car je me sentais bien physiquement, j'ai donc chassé cette idée de mon esprit. Une semaine plus tard, ce même message s'est soudain imposé à moi de façon identique. Cette fois, j'en ai tenu compte et je me suis dit qu'il serait peut-être bon de faire un bilan complet. Les examens montrèrent des métastases à l'utérus. Je fus opérée, je suis naturellement surveillée, mais aujourd'hui je vais bien. Je crois que ce message m'a permis d'éviter le pire.

Les messages intuitifs sont reconnaissables parce qu'ils représentent un caractère d'évidence et de force de conviction. Nous savons que cela est vrai ! Bien souvent, nous ne pouvons pas prouver une information intuitive parce qu'elle ne s'appuie pas sur la raison.

- **La clairvoyance** est la capacité de voir clairement des images, des symboles ou des scènes qui s'imposent à nous de manière visuelle, comme des flashs. Elle favorise notre accès au discernement et au langage des signes, à la prévoyance et donc à l'anticipation. Nous « voyons » les faits avant qu'ils n'arrivent, aussi pouvons-nous modifier ou réajuster les choses.

Parfois, les informations reçues sont claires et compréhensibles immédiatement, d'autres fois elles nous parviennent d'une manière symbolique et nécessitent un décodage. C'est pour cela qu'il semble difficile pour certaines personnes de se fier à leur intuition. S'il s'avère qu'elles ne donnent pas une interprétation correcte de l'information et que cela ait compliqué leur vie, elles accusent l'intuition d'être fausse. Or celle-ci, par essence et par définition, est toujours juste. Il ne s'agissait donc pas d'une intuition, mais plutôt de l'expression d'un désir, de l'imagination, d'une pensée mentale, d'une volonté, d'une peur…

Pour développer son intuition, il est important d'associer le travail personnel à l'activation des facultés du sixième sens. Cette double approche nous permet de mieux nous connaître, de mieux maîtriser notre système mental et de nous libérer des émotions perturbatrices, autant d'actions qui optimisent nos potentialités intuitives.

Plus vous vous connaissez, plus vous pouvez repérer les messages intuitifs parmi la multitude d'informations et d'idées qui vous parviennent chaque jour, et ce quels que soient leurs modes d'expression.

Il vous faut vous entraîner à les suivre pour mieux connaître le fonctionnement de votre intuition.

8.

L'intuition pour connaître le véritable sens d'un fait

Prévenir, anticiper, inspirer, etc., font donc partie des prérogatives de l'intuition. Lorsqu'on la canalise, il devient possible de collaborer avec elle en toute conscience. Grâce à un travail spécifique, nous pouvons maîtriser cette intelligence éclairée. Vous trouverez dans la deuxième partie de cet ouvrage des exercices qui vous aideront dans votre pratique. Voici l'exemple d'une situation concrète dont l'intuition peut aider à sortir.

La filiale de votre entreprise ferme pour se délocaliser dans une autre région que la vôtre, vous ne pouvez suivre ce transfert et vous négociez votre licenciement.

COMPRÉHENSION AVEC L'INTELLIGENCE RATIONNELLE

Quelles sont les causes de votre licenciement ?

- Compression du personnel.
- La société est en difficulté.
- C'est de la faute du P.-D.G. ou du chef du personnel.
- La société n'a pas su s'adapter aux changements de la nouvelle économie.
- Je crois que je n'ai pas de chance...

Ici, vous utilisez la logique, le rationnel, pour expliquer les faits, et la cause de votre chômage. C'est axé sur l'extérieur et sur les autres. La pensée rationnelle explore des causes de surface et recherche un responsable. Cette vision est réductrice car essentiellement centrée sur l'aspect matériel et visible des choses. Elle tend à maintenir la personne dans un esprit de soumission face aux événements.

COMPRÉHENSION AVEC L'INTELLIGENCE INTUITIVE-CRÉATIVE

Quel sens cela a-t-il, pour vous, d'être licencié ?

- Vous n'étiez plus bien dans votre emploi.
- Vous avez appris et cultivé les qualités ou les ressources que proposait votre poste, et vous en aviez fait le tour.
- Vous n'aviez plus assez d'intérêt, donc « d'accroche » énergétique avec votre place.
- Même le salaire ne vous motivait plus.
- Vous ne pouviez plus évoluer, donc la régression vous menaçait.
- Vous aviez besoin de vous sentir vraiment utile.
- Vous étiez las et commenciez à vous désinvestir...

L'intelligence intuitive va explorer ce qui vous anime et vous motive en profondeur. En entrant dans le sens de ce qui est, vous pouvez réajuster certains paramètres de votre existence, cela grâce au lien que vous pouvez établir entre les situations extérieures que vous vivez et vous, en tant que source et créateur. Vous avez ici une vision globale de la situation et surtout la compréhension de votre implication personnelle. Vous vous appropriez la responsabilité de ce qui se passe pour vous de manière adulte et constructive.

Vous créez ainsi toutes les opportunités de modifier votre vie afin d'obtenir ce que vous souhaitez.

Il s'avère parfois difficile d'exprimer son intuition sur son lieu de travail, le contexte n'étant pas toujours propice. Dans cette optique, vous trouverez en deuxième partie de ce livre des techniques pour canaliser votre intuition et vous préparer à vivre une journée pleine de coïncidences. Chaque poste ou job que vous avez occupé a une raison d'être : identifier celle-ci vous permet de mettre l'accent sur l'énergie de vos acquis. C'est dans cette conscience en éveil que vous attirez le travail qui correspond exactement à qui vous êtes dans le présent.

Vous découvrirez plus loin comment optimiser votre passé professionnel (voir page 177). Les personnes, les situations, les lieux appropriés sont placés sur votre chemin en résonnance avec vous-même.

Si j'ai conscience d'avoir développé de l'aisance avec

autrui, une facilité à m'exprimer, une écoute et un certain sens de l'organisation, je vais obtenir un poste qui a pour fondations ces ressources. Ce nouvel emploi me permettra, au fil du temps, de cultiver de nouvelles qualités qui viendront enrichir mon identité.

- *Sans cette conscience de moi-même, je peux être « baladé » de travail en travail et demeurer dans l'insatisfaction. Pour activer cette conscience, je demande à mon intuition ce que je suis en train de développer dans telle tâche…*

Généralement, nous avons eu des signes, des intuitions, que nous n'avons pas remarqués ou pas écoutés. C'est ainsi que les choses peuvent empirer, parfois jusqu'à l'extrême. L'exemple précédent du licenciement est classique, et il est rarement le fruit du hasard ou du manque de chance. Si nous croyons à la malchance, nous maintiendrons cet état jusqu'à ce que nous devenions conscients de notre participation réelle aux événements de notre vie. Tout est chargé de sens, même si cela n'apparaît pas clairement à première vue car il n'est pas toujours facile de décoder signes et messages. Avec persévérance et à l'aide d'un questionnement spécifique, nous pouvons faire ce travail de conscience en développant la clarté pour accéder à notre vérité.

Voici les questions à se poser pour recevoir des réponses créatives venant de l'intelligence intuitive (cerveau droit), et ce quelle que soit la situation.

Tout d'abord, visualisez clairement la situation qui vous pose problème dans son ensemble.

Les paramètres de la clarté intuitive

1. Que se passe-t-il? Qu'est-ce que cela signifie pour moi?

2. Quel enseignement ai-je à tirer de cette expérience? Qu'ai-je à apprendre?

3. Qu'ai-je à développer comme qualité ou comme ressource personnelle à travers cela? Qu'ai-je à modifier dans ma vie?

4. Quel bénéfice positif peut être caché ou contenu dans cette expérience, c'est-à-dire que puis-je en tirer de bon malgré tout?

Ces questions sont essentielles pour ouvrir notre conscience à une compréhension constructive des faits. Ce procédé nous amène à trouver des options, des solutions suite à la révélation du sens contenu dans la situation. Nous pouvons prendre le temps, après chaque question, de laisser émerger les réponses.

> *En considérant toute situation comme porteuse de sens, nous activons naturellement notre intelligence intuitive. Elle fonctionne comme une succession libre d'idées et de pensées, sorte de déduction intuitive.*

9.

Pourquoi n'écoutons-nous pas suffisamment notre intuition ?

Notre culture et notre éducation ne favorisent pas encore l'accès à nos capacités intuitives ou créatrices, parce qu'elles ne leur reconnaissent pas la même valeur qu'aux capacités intellectuelles et d'apprentissage cognitif. Quelques écoles parallèles font pourtant exception, comme les écoles Montessori ou Steiner, qui axent leur processus d'apprentissage sur la croissance globale et le respect de l'enfant. Elles sont notamment implantées dans les grandes villes de France.

Depuis notre arrivée au monde, nous sommes intuitifs, mais nous avons pu être confrontés au manque de sincérité de la part des adultes qui nous entouraient. Enfants, nous avons généralement une perception assez juste des personnes et des situations, car énergétiquement nous sommes encore dans une symbiose avec notre environnement et ne connaissons de la vie que l'instant présent. L'enfant ressent et capte donc des informations de manière beaucoup plus fine qu'on ne le croit. Ses perceptions, lorsqu'il les a exprimées, ont pourtant pu être mal accueillies lorsqu'elles ont dérangé les adultes par leur franchise et leur spontanéité. Bien souvent, il lui est répondu qu'il se trompe, que c'est faux ou encore qu'il ne faut pas dire cela… Face à la réaction négative des adultes, il se trouve confronté à un dilemme et prend souvent l'option, inconsciemment, de refermer la porte de son intuition. Quand un conflit naît entre ce qu'il perçoit de la réalité et ce qu'on lui en dit, entre ce qu'il sait et ce qu'il a le droit d'exprimer, c'est pour lui insupportable. Comme il lui faut choisir, bien souvent il adopte cette attitude courante : croire et surtout valider ce que dit l'autre et ne pas croire en lui. Il fait ainsi le lit où s'épanouissent ses névroses et ses blocages, qu'il lui faudra apprendre à dépasser une fois devenu adulte. L'enfant a tendance à apprendre à comprendre la réalité à partir du regard de son entourage.

Autrefois, il s'agissait d'une passation de pouvoir entre l'enfant et l'autorité parentale, avec chez l'enfant l'intention inconsciente de garder l'amour de ses parents. Encore aujourd'hui, de nombreuses personnes se réfèrent à autrui pour prendre des décisions plutôt que d'écouter leurs ressentis et leur intuition.

L'intuition refoulée ne disparaît pas ; elle se mémorise dans le psychisme, où elle attend d'être réveillée et à nouveau stimulée. Souvent, elle parvient à notre conscience de manière inopinée, mais nous ne sommes plus habitués à l'écouter, notre mental doute de l'information dont nous ressentons pourtant la pertinence. Si nous sommes peu familiarisés avec le fonctionnement de notre intuition, nous nous méfions des messages qu'elle délivre. Ceux que la vie a conduits à ne pas croire en eux éprouvent souvent des difficultés à se fier à leur intuition, car elle est une capacité personnelle.

Il est donc essentiel de cultiver la confiance en soi par la régularité de la pratique pour véritablement accueillir toutes nos capacités psychiques et les intégrer à notre identité.

Lorsque nous n'écoutons pas notre intuition, c'est par peur de nous tromper et parce qu'elle n'est pas vérifiable sur le moment. Comme nous ne pouvons pas nous appuyer sur des explications rationnelles rassurantes, nous sommes renvoyés à nous-mêmes, et donc à notre degré de certitude personnelle.

Ce doute, cette peur de l'échec réduisent notre élan à suivre notre guidance intérieure. Lorsque nous vérifions après coup qu'elle était juste (surtout lorsque nous ne l'avons pas suivie), nous mesurons l'impact de toutes nos décisions sur notre vie. Pour remédier à cela, nous devons accepter de nous tromper, car cela fait partie de toute expérience humaine. Il nous faut recréer notre propre système de références, c'est seulement ainsi que nous saurons ce qui marche ou pas pour nous. Il deviendra alors plus facile de se fier à son intuition. Nous pouvons développer notre patience et émettre l'intention de voir se manifester à nouveau cette intuition que nous avons pu refouler dans la petite enfance. Pour l'accentuer davantage, il sera utile de prendre l'habitude de la suivre le plus souvent possible, car n'oublions pas qu'en concentrant notre énergie et notre attention sur un domaine précis nous permettons aux choses de s'y amplifier.

Cheminement de l'intuition
L'intuition se manifeste. ⇒ Je l'écoute. ⇒ Je prends une décision qui la corrobore. ⇒ J'agis dans la réalité en posant des actes concrets. ⇒ Je vérifie le résultat dans ma vie.

ÉVALUEZ VOTRE INTUITION (test)

Voici un test qui révélera la manière privilégiée dont vous fonctionnez. Êtes-vous plutôt « cerveau gauche » ou « cerveau droit » ? Votre intuition s'appuie-t-elle sur le canal visuel, sur l'auditif ou sur le kinesthésique ?

Répondez au questionnaire de façon spontanée, en entourant la réponse qui correspond à votre manière de fonctionner habituelle, puis *additionnez vos résultats et lisez le commentaire final.*

TEST INTUITION V	Oui	Un peu	Non
J'analyse la situation, je compare, j'évalue, je me fie à mon analyse pour décider.	0	1	3
Je prends surtout en compte les faits que je sais être prouvés car je les vois.	0	1	3
Je passe tout de suite à l'action sans trop réfléchir.	3	1	0
Je me souviens plus facilement du visage d'une personne que de son nom.	3	1	0
Les situations me « tombent dessus » de façon inattendue, et me semblent impossibles à prévoir.	0	1	3
J'admets la réalité et j'entrevois aussi d'autres perceptions non visibles au premier abord.	3	1	0
J'aime passer du temps en silence et je suis observateur.	3	1	0
J'anticipe et j'organise la réalisation de mes projets.	3	1	0
Je suis indécis et j'ai des difficultés à choisir.	0	1	3
Je sais prévoir et anticiper les choses.	3	1	0
On dit que je suis intuitif.	3	1	0

Total V (total des points des trois colonnes) =............../33

TEST INTUITION K	Oui	Un peu	Non
Je suis empathique, je me mets facilement à la place de l'autre. Son sort m'intéresse.	3	1	0
Je repère les messages de mon corps à partir des sensations que j'éprouve.	3	1	0
Quand je rencontre une personne pour la première fois, je sens si elle est positive pour moi. Je me fie à mon impression et elle est toujours juste.	3	1	0
Je suis spontané.	3	1	0
Je fais confiance à mon ressenti.	3	1	0
Lorsque je reçois une bonne ou une mauvaise nouvelle, je n'hésite pas à exprimer mes sentiments.	3	1	0
Je donne mon temps aux autres sans compter.	3	1	0
Je suis à l'écoute de mon corps et je sais ce dont j'ai besoin.	3	1	0
J'ai du mal à comprendre les problèmes des autres et je ne vois pas comment les aider.	0	1	3
J'aime me faire masser ou éprouver des sensations physiques intenses.	3	1	0
Je vis en symbiose avec la nature, les autres et tout ce qui m'entoure.	3	1	0

Total K (total des points des trois colonnes) =............/33

TEST INTUITION A	**Oui**	**Un peu**	**Non**
Je sors des sentiers battus et je prends facilement une option nouvelle.	3	1	0
Lors d'une conversation, j'entends ce qui n'est pas dit verbalement.	3	1	0
J'écoute l'opinion des autres, mais elle n'influence pas la mienne.	3	1	0
Je me fie à ma petite voix, même si elle semble aller à l'encontre de la logique.	3	1	0
J'aime écouter les bruits de la nature et la musique calme.	3	1	0
Je parle beaucoup et j'aime exprimer mon opinion.	0	1	3
Je dis vraiment ce que je pense sans avoir peur de déplaire.	3	1	0
J'écoute les messages qui me viennent à l'esprit, que je sais être des intuitions, et je les suis.	3	1	0
J'obéis à ce que la raison logique me dicte de faire.	3	1	2
Je parle aux plantes, aux arbres, aux animaux.	3	1	0
Il m'arrive de dire ce que l'autre est justement en train de penser.	3	1	0

Total A (total des points des trois colonnes) =.........../33

Question complémentaire	Oui	Non
Il m'arrive de consulter un astrologue ou un voyant.	1	0

Votre total V + K + A + la question complémentaire =........... 100

Ce chiffre révèle votre pourcentage de capacité intuitive utilisé à ce jour.

COMMENTAIRE DU TEST : VOUS ET VOTRE INTUITION

En comparant les chiffres du test visuel (test V), du test auditif (test A) et du test kinesthésique (test K), vous repérerez votre canal privilégié et vous pourrez ainsi le renforcer tout en développant les deux autres. Faites à nouveau ce test après six mois d'entraînement, vos résultats montreront votre progression.

Tout d'abord, les lettres représentent le registre dans lequel le test s'inscrit. Le chiffre le plus élevé indique votre canal de perception privilégié.

V = visuel ⇔ clairvoyance

K = kinesthésique ⇔ clairsentience

A = auditif ⇔ clairaudience

De 0 à 33 : vous êtes sceptique, votre vie est essentiellement gouvernée par une approche rationnelle des faits. Vous avez besoin de preuves et de sécurité, et généralement vous contrôlez les situations. Le fonctionnement « cerveau gauche » est privilégié, vous vous fiez plutôt à votre bon sens pour comprendre les personnes et les situations. Vous laissez peu de place à l'irrationnel et à l'intuition car vous ne les maîtrisez pas. Terre à terre, vous pouvez connaître la réussite sur le plan matériel, mais quand un problème apparaît les choses peuvent se compliquer et traîner car vous ne souhaitez pas vous éloigner de votre logique. En cas de coup dur, il peut vous arriver de commencer à croire en quelque chose de supérieur. Lorsque les choses se compliquent, vous pouvez facilement vous braquer et tout envoyer promener. Le fait de vous poser des questions existentielles ou de vous questionner sur le sens de votre vie peut déclencher le chaos en vous, ce que vous avez naturellement tendance à refuser car vous éprouvez le besoin de tout maîtriser.

De 33 à 66 : vous êtes réceptif, vous êtes intéressé par vos capacités intuitives, mais vous ne savez pas bien comment les utiliser. Vous avez du mal à repérer véritablement votre intuition, et parfois vous vous trompez. Vous vous posez des questions, vous êtes en pleine recherche, vous lisez peut-être beaucoup pour tenter d'avoir des réponses. Vous gagneriez à travailler sur vous-même, car l'intuition se manifeste bel et bien à vous, mais votre manque de confiance vous empêche de la suivre véritablement. Les jeux de tarot divinatoire vous interpellent, vous avez peut-être lu *Conversation avec Dieu**, *La Prophétie des Andes** ou l'*Empire des Anges**... Vous commencez à penser autrement. Essentiellement « cerveau gauche », vous êtes aussi influencé par le cerveau droit, qui vous fascine mais dont vous ne maîtrisez pas encore tous les ressorts.

De 66 à 100 : intuitif et clairvoyant, vous vous servez de votre intuition (surtout si votre résultat dépasse 80). Vous savez repérer les signes et les coïncidences, et cherchez à les interpréter. Vous pouvez parfois même deviner ce qui se passe pour les autres. Il vous arrive peut-être aussi d'avoir des « flashs », une compréhension immédiate de quelque chose. Vous êtes doté d'une grande sensibilité, et devez apprendre à vous protéger pour ne pas porter sur vos épaules tous les problèmes d'autrui ; fixez vos propres limites afin de préserver votre énergie. La vie est pour vous une source inépuisable d'expériences qui vous font grandir, et vous savez en général tourner la page quand il le faut. Vous osez beaucoup de choses et savez mobiliser votre créativité. Vos problèmes se résolvent sans trop de délai et vous croyez sûrement en votre chance. Vous tentez de profiter de chaque expérience pour grandir, vous avez une réflexion analogique et cherchez le sens contenu dans les situations. Cependant, n'oubliez jamais de passer à l'action, car c'est par elle seule que vous progresserez véritablement et que vous saurez vous maintenir au contact de la réalité.

10.

Suivre son intuition au quotidien : un défi

Marianne, infirmière de 35 ans, mariée à un chef d'entreprise. Elle eut à propos d'un projet de son mari une intuition qui, dans un premier temps, compliqua considérablement sa relation de couple.

SE FIER À SA PREMIÈRE IMPRESSION

À cette époque, mon mari montait une entreprise de fabrication de cuisines en chêne massif et avait pris comme associés deux commerciaux que je ne connaissais pas. Très enthousiasmé par son projet, il s'investissait tant sur le plan personnel que sur le plan financier. Chacun avait son rôle, et le projet était cohérent. Cependant, je ressentais que quelque

> chose n'allait pas et j'avais une impression négative chaque fois que j'y pensais. Un dîner fut organisé au cours duquel je devais rencontrer les deux hommes. En les voyant, j'eus immédiatement l'intuition qu'ils n'étaient pas fiables malgré leur apparence et leurs propos soulignant leurs compétences. J'ai fait part de cette intuition à mon mari en lui conseillant de tout arrêter et de récupérer son investissement, ce qu'il refusa absolument de faire. Il m'accusa même de vouloir le faire échouer, de ne pas lui faire confiance. J'insistais car j'étais sûre de moi, et bien évidemment des conflits s'installèrent entre nous. Ce fut très pénible, d'autant que je ne doutais pas de mon intuition. Je m'attendais au pire, ce qui faillit arriver quelque temps plus tard, cependant l'affaire s'arrêta net parce que les associés n'avaient pas rempli leur part commerciale du contrat. Je n'ai pas pu lui éviter de vivre cette situation, bien que mon intuition m'ait prévenue. J'ai dû à un moment donné accepter cela.

Nous avons vu que l'intuition nous conduit à renforcer notre confiance personnelle, cependant il peut nous arriver de recevoir une intuition concernant un de nos proches, comme dans l'histoire de Marianne. Nous pouvons alors la partager, mais il faut toujours veiller à ne rien imposer à quiconque. Il nous faut accepter les décisions de l'autre, comme Marianne qui répondit présente lorsque, plus tard, son mari se tourna vers elle pour lui demander conseil.

Lorsque l'on parvient à décrypter le sens des événements, notre champ d'expérience se trouve modifié car notre vision des faits est élargie, en même temps que beaucoup plus constructive car elle nous pousse à l'action, à la transformation. Au début, cela peut être considéré comme une véritable remise en question de nos habitudes. Nous savons utiliser notre intelligence rationnelle parce que c'est ce que notre éducation nous a appris, et se référer à l'intelligence intuitive peut donc dans un premier temps être une révolution dans notre manière d'aborder les circonstances de la vie et notre rapport à autrui. Pour la personne intuitive, tout prend davantage de sens, comme si elle ouvrait véritablement les yeux sur un monde plus riche qu'il n'y paraissait initialement.

Cultiver notre intuition implique donc que nous acceptions un changement d'état d'esprit. Notre sens de la responsabilité peut alors prendre toute sa dimension, et nous pouvons vérifier le concept selon lequel chacun est « créateur de sa réalité ». Notre intuition met en lumière notre implication personnelle dans tout ce qui se passe dans notre vie. Par nature, elle met en évidence certaines particularités ou problèmes qui pouvaient être cachés à notre conscience. Cela nous permet d'assumer et d'ajuster tout ce qui doit l'être. Lorsque nous voyons clair en nous-mêmes, nous ne pouvons plus nous voiler la face et faire semblant.

Les conséquences de l'application de l'intuition dans notre vie quotidienne peuvent être variées. Dans un premier temps, notre entourage peut se sentir décontenancé par notre attitude, qui devient moins rationnelle, moins raisonnable et moins prévisible.

Nos proches ont besoin de nous suivre dans notre évolution, aussi expliquez le plus diplomatiquement possible ce que vous expérimentez, en évitant d'imposer vos idées comme étant « la » vérité, car c'est simplement la vôtre. Soyez patient et montrez tous les bénéfices positifs de votre attitude intuitive.

Le fait de suivre votre intuition implique que vous soyez fidèle à vous-même. Cela est primordial, car il se peut que vous preniez des décisions contre l'avis de votre entourage, ce qui est fréquemment le cas dans un processus de changement. Vos proches risquent alors de faire tout ce qu'ils peuvent pour vous dissuader de poursuivre dans votre voie si celle-ci ne leur convient pas. Vous serez alors amené à accentuer le recentrage sur vos priorités personnelles et vos valeurs profondes. L'existence vous présente de multiples choix, vous met en présence de multiples carrefours, et c'est en toute conscience que vous pourrez choisir quel chemin emprunter. Il est possible que votre vie passe d'abord par une période de chaos avant de se restructurer. Dans ce type de période, qui accompagne très souvent le changement, il vous faut retrouver ce qui est essentiel pour vous, car ce mouvement est l'opportunité de changements véritables.

Avoir le courage d'être soi dans toutes ses dimensions est un défi que la partie intuitive de la personnalité doit relever. Il s'agit aussi d'accepter sa différence, car on réalise que la plupart de nos contemporains fonctionnent surtout avec le cerveau gauche (cartésien, rationnel et logique). Toutefois, rappelons-nous que les personnes qui réussissent avouent que leur intuition a joué un grand rôle dans leur succès !

Les intuitifs et les créatifs sont souvent considérés, à tort, comme des personnes extravagantes, utopistes ou instables, qui manquent de rigueur. Nous pouvons nous détacher de ce jugement qui démontre la méconnaissance de ce qu'est véritablement l'intuition. Il ne nous appartient pas de convaincre quiconque, car seuls les résultats que nous obtenons grâce à notre intuition peuvent interpeller et éveiller l'intérêt autour de nous.

11.

Techniques de base pour canaliser son intuition

L'intuition, du fait de sa nature fulgurante, peut se manifester à tout moment. Elle est libre et imprévisible, aussi avons-nous l'impression de n'avoir aucune prise sur elle. Nous ne la repérons pas toujours lorsqu'elle s'exerce en nous, mais nous pouvons créer un état d'être intérieur plus réceptif et plus propice à son expression: construisons en nous-mêmes un espace symbolique et structuré, qui permet d'établir des passerelles entre notre intuition, notre identité et notre réalité.

Des exercices spécifiques permettent de canaliser le processus intuitif et de l'intensifier jour après jour. Il devient alors plus évident de s'y référer pour aborder un quotidien où, selon la situation, nous avons le choix de l'une de nos deux intelligences : l'intelligence rationnelle peut être préférée pour les questions liées au plan matériel, alors que l'intelligence intuitive peut prendre le relais pour anticiper, orienter, pour aider à comprendre le sens d'un événement de notre vie, etc. Elle permet de faire de la vie dans sa globalité une source féconde d'enseignements et de progression.

Vous devez croire en votre capacité à être intuitif et émettre l'intention de voir se manifester l'intuition dans votre vie. Agissez d'après ce que vous pensez être une intuition, puis constatez ce qu'il en résulte. Soyez ouvert et disponible à cette démarche de croissance intérieure, et commencez par des petites décisions sans conséquences majeures !

Vous trouverez ici des exercices de visualisation que vous pouvez mémoriser ou enregistrer pour les écouter. En vivant pleinement ces exercices, vous créerez un ancrage sur tous les plans (physique, émotionnel, mental et énergétique), et votre disponibilité d'esprit préparera tout votre être à développer vos facultés intuitives. Vous apprendrez à canaliser un potentiel qui s'autoalimentera grâce à votre intérêt pour l'intuition.

Il existe plusieurs méthodes pour développer l'intuition, elles se rejoignent dans les résultats. Chacun peut expérimenter l'approche qui lui correspond le mieux. Testez les différents exercices, puis choisissez ceux qui vous parlent le plus. Vous entrez dans le phénomène sensible de l'existence associée à une compréhension claire des faits. Comme pour tout autre talent, comme la peinture ou la musique, vous devez consacrer du temps au développement de votre intelligence intuitive. Même si cela peut vous sembler laborieux et sans effet dans un premier temps, je vous invite à poursuivre votre travail, vous constaterez combien ce processus est efficace avec de l'entraînement.

Apprendre à respirer

La fonction de la respiration est vitale, à la fois physique et énergétique. S'il n'est rien de plus naturel ni de plus simple que la respiration inconsciente, devenir conscients de notre souffle et le maîtriser demande un entraînement.

Il existe plusieurs techniques respiratoires, chacune d'elles ayant un but précis : pratiques sportives, arts martiaux, méditation, yoga… Quelques méthodes de thérapie psychocorporelle privilégient elles aussi l'apprentissage et la maîtrise consciente de la respiration en vue d'une libération de l'être. Avec la pratique, ce flux et ce reflux dans lequel chaque être humain vit sans y penser devient un outil puissant de travail intérieur. Le souffle est en effet une passerelle entre le conscient et l'inconscient, et la respiration participe à l'accès au monde symbolique et imaginaire. Grâce à ce mouvement, nous pénétrons dans notre réalité symbolique en devenant plus sensibles à la perception de détails qui nous échappaient.

L'exercice qui suit stimule une attention particulière par laquelle nous devenons observateurs de tout ce qui se passe dans notre corps et notre esprit. Il s'agit d'une respiration consciente circulaire, c'est-à-dire sans temps de pause entre l'inspiration et l'expiration.

Ici, l'inspiration rejoint l'expiration dans un mouvement de boucle. Cette « vague » induit dans notre conscience la présence d'un flux ininterrompu. De la réalité matérielle et séculaire, notre conscience descend dans notre réalité symbolique, où elle se manifeste de manière visuelle, auditive et kinesthésique (c'est-à-dire par des sensations physiques). Le développement de l'intuition s'en trouve intensifié. Ce souffle ininterrompu ouvre sur l'inconscient et l'imaginaire, aussi l'associer à une visualisation dirigée offre une voie d'expression à l'intuition et à la connaissance intérieure. L'exercice doit se faire en douceur et rester toujours confortable.

LA RESPIRATION DE LA VAGUE (5 MINUTES)

Mettez une tenue souple et installez-vous confortablement en position assise ou couchée.

- Fermez les yeux et relâchez les muscles de votre visage, puis desserrez les mâchoires. Détendez votre corps.
- Cette respiration s'effectue en deux temps : vous inspirez par le nez et faites descendre le souffle dans le ventre, puis vous le faites remonter dans le thorax, et immédiatement vous entrez

dans l'expiration, qui est un relâchement, un lâcher-prise sans forcer, à la manière d'un soupir. Le corps lui aussi se relâche et se détend, les perceptions corporelles se modifient légèrement, tensions et préoccupations se libèrent.

- Observez la manière dont vous respirez naturellement, puis pénétrez dans la conscience de votre souffle, que vous amplifiez très légèrement. Inspirez en focalisant votre attention sur votre ventre, que vous remplissez... Le souffle remonte en passant par le diaphragme et emplit le thorax, jusqu'au maximum de vos capacités pulmonaires. L'inspiration dure environ 5 secondes. Ensuite, relâchez sans effort, expirez tout l'air contenu dans vos poumons pendant 7 ou 8 secondes. Sans pause, revenez à l'inspiration, vivez dans votre corps ce mouvement circulaire.
- L'inspiration et l'expiration se rejoignent, modifiant votre perception des choses. Ressentez l'ouverture chaque fois que vous accueillez l'air et la libération chaque fois que vous videz vos poumons. Un espace se présente à vous, qui favorise le processus créateur et conduit à l'intuition...

En fin de séance, reprenez une respiration naturelle, bougez, étirez-vous et sentez-vous présent dans tout votre corps physique ; ressentez ce lien entre votre intériorité et votre réalité concrète.

Pratiquez cette respiration de la vague quelques minutes par jour. Elle vous donnera une sensation de globalité corporelle, ce qui renforcera le pouvoir de régénération de la respiration. Votre souffle deviendra ainsi non seulement un outil pour alimenter votre organisme, mais également un outil pour régénérer votre esprit.

Une conscience accrue des choses se manifeste alors.

C'est dans cette ambiance que la visualisation débute. Ensuite, vous suivez le processus de l'intégration au mode intuitif. L'imagination est canalisée et mise au service de l'intuition, elle en est le vecteur de la préparation pour que, peu à peu, l'intuition devienne partie intégrante de votre fonctionnement. Les trois visualisations[1] qui suivent sont souvent pratiquées dans les techniques de relaxation, de sophrologie, en autohypnose, etc.

Apprendre à se centrer : la visualisation d'éveil à l'intuition

Le processus de préparation se décline en trois étapes progressives.

Première étape : vous apprenez à vous détendre, à vous relaxer et à observer vos sensations physiques. Vous prendrez l'habitude de porter votre attention sur votre corps : comme vous le constaterez, chaque exercice intuitif débute par une courte relaxation.

Deuxième étape : grâce aux suggestions proposées dès le début de la visualisation, vous modifiez votre structure énergétique. Dans cette optique, vous êtes invité à vous aligner aux quatre éléments planétaires : la terre, l'eau, l'air, le feu.

---

1. Voir « Judee GEE », « Lise BARTOLI », « Pierre LASSALLE » et « Sylvain BELANGER » dans la bibliographie à la fin de l'ouvrage.

Troisième étape : vous êtes conduit à la frontière de l'inconscient, une zone où vous pouvez accéder à la connaissance. C'est ici que réside votre principe intuitif et créatif, qui vous permettra d'obtenir les réponses à vos questions.

En fin de visualisation, vous faites le chemin inverse pour revenir dans le paysage initial, en empruntant le chemin qui vous permet de retrouver votre densité vibratoire ordinaire. Vous revenez ainsi vers la matérialité. Il est intéressant de prendre des notes lorsque votre esprit est clair et encore dans l'expérience intuitive. Au fil du temps, vous pourrez également évaluer vos progrès liés à cette pratique.

VISUALISATION : ÉVEIL À L'INTUITION (20 MINUTES)

Choisissez un endroit calme et asseyez-vous de manière à conserver une posture verticale : maintenir le dos droit permet à l'énergie de circuler convenablement. Si vous êtes habitué à méditer, vous pouvez adopter l'assise en tailleur. Veillez à ne pas être dérangé durant au moins une demi-heure.

- Installez-vous confortablement... Dos droit, muscles des épaules relâchés, fermez les yeux et commencez à respirer comme indiqué dans l'exercice précédent, à la manière d'une vague.
- À l'inspiration, vous vous ouvrez pour recevoir ; sur l'expiration, vous lâchez tranquillement. Faites cette respiration circulaire, sans interruption entre le flux et le reflux.
- Prenez quelques minutes pour aller à l'intérieur de vous... Calmez votre mental.

- Imaginez, sur votre écran de conscience, la vision d'un paysage… Un beau paysage naturel ; ce peut être un endroit que vous connaissez ou un lieu totalement imaginé… Il s'agit de votre terre intérieure.
- Dans cette nature, visualisez un chemin et promenez-vous. En marchant, regardez tout autour de vous, la végétation, le relief… Explorez ce lieu, vos cinq sens en éveil…
- Ressentez l'ambiance, l'énergie de la nature ; touchez ce qui vous entoure, sentez les odeurs qui flottent autour de vous, écoutez les bruits, goûtez ce qui est là…
- Vous allez maintenant modifier votre énergie pour devenir un corps planète. Laissez-vous contacter par l'élément terre sous vos pieds. Il contient les énergies de stabilité, de fécondité, de force de concrétisation… Demandez-vous : « Est-ce que je gère bien tout ce qui est matériel ? Oui ou non ? Est-ce un élément dont j'ai besoin pour trouver l'équilibre en moi ? » Écoutez ce qui parvient à votre conscience ; si la réponse est oui, laissez-vous tout simplement recevoir l'énergie de la terre, en l'imaginant qui pénètre dans votre corps physique. Chaque organe, chaque cellule se nourrit de l'élément terre. Respirez, recevez…
- Puis l'élément eau se présente à vous ; ce peut être sous l'aspect d'un lac, d'une rivière ou d'une source souterraine. Il possède des qualités de fluidité, de purification, de réceptivité, d'intuition… « Est-ce un élément dont j'ai besoin pour mon équilibre ? » Si la réponse est oui, laissez votre corps et votre être boire cette eau, être abreuvé et gorgé d'une eau limpide… Tous les liquides de votre corps reçoivent l'énergie venant de l'eau.
- Puis l'élément air se manifeste maintenant plus précisément à chaque cycle de votre respiration ; prenez conscience de l'air qui vous entoure partout où vous êtes. L'air, c'est la légèreté…

Demandez-vous : « Est-ce un élément dont j'ai besoin dans ma vie ? » Si oui, respirez avec conscience, et vous recevrez ce dont vous avez besoin à cet instant... Votre système respiratoire s'emplira avec la conscience de l'énergie essentielle.

- Et enfin, voyez, sentez dans la nature le soleil : c'est l'élément feu, avec son rayonnement, sa clarté et sa puissance... Demandez-vous : « Ai-je besoin de l'élément feu dans mon être ? » Si oui, laissez-vous être baigné de ces rayons du soleil avec la conscience de recevoir ce qui est bon pour vous... Vos fonctions vitales s'en trouvent dynamisées.
- Vous êtes ainsi aligné aux éléments de la nature, présents en abondance autour de vous et en vous, puis concentrez-vous au niveau frontal, entre les deux yeux, en demandant à voir clair... C'est ici que réside le troisième œil, siège de votre sagesse intérieure. Imaginez-le s'ouvrir. Descendez ensuite votre conscience jusqu'à votre gorge, imaginez une spirale et demandez à recevoir des messages verbaux très précis et audibles. Enfin, amenez votre conscience dans votre ventre, sous le nombril, et demandez à ressentir tout ce qui est nécessaire...
- Continuez votre chemin en vous préparant à rencontrer bientôt un endroit privilégié qui représente votre espace de connaissance et d'amour. Un lieu des possibles. Imaginez, créez ce lieu symbolique en continuant d'avancer, vous vous placez devant la porte derrière laquelle il y a votre espace intérieur, un endroit de transformation, d'évolution. En toute conscience, vous ouvrez la porte. Respirez... Vous franchissez le seuil, ressentez, vous êtes dans votre cœur, observez sa forme, l'énergie qui se dégage de cet endroit. La représentation la plus juste pour vous se manifeste, installez-vous dans cette énergie du cœur... Vous êtes de retour dans votre profondeur. Posez-vous quelques

instants… Vous êtes chez vous, là où votre intuition s'épanouit de jour en jour… Contactez l'énergie et la lumière qui règnent dans cet espace, explorez-les avec vos cinq sens…

- Visualisez-vous dans cet endroit, dans cette ambiance. Vous pouvez commencer à poser des questions simples et claires. Attendez calmement les réponses de votre intuition, qui vous emplit… Ensuite, à votre rythme, cessez ce contact et franchissez le seuil pour revenir sur votre chemin.
- Depuis votre intérieur, bien en lien avec vous, revenez doucement à votre présence dans la pièce où vous êtes installé. Ouvrez doucement les yeux, bougez, étirez-vous.

Prenez ensuite quelques notes sur votre expérience. Pour poser des questions à votre intuition, écrivez-les, et faites de même avec les réponses qui vous parviennent. Vous pourrez de cette manière suivre jour après jour le développement de votre intuition.

L'espace intérieur, endroit de transformation et d'évolution, qui est apparu durant cette visualisation sera le lieu où vous reviendrez lorsque vous ferez la préparation à l'intuition, pour vous recentrer tout au long des exercices de l'ouvrage.

Avec de l'entraînement, vous prendrez l'habitude de cette conscience à vous-même. Il vous sera alors de plus en plus facile d'intégrer le processus intuitif dans votre vie quotidienne. Tout au long de la journée, soyez attentif à ce qui se passe en vous et aux informations qui vous viennent à l'esprit. Vous serez plus à même de prendre conscience de vos intuitions afin de les vérifier dans votre réalité.

Apprendre à maîtriser son énergie personnelle

Ce que les traditions spirituelles enseignent depuis la nuit des temps, la science physique nucléaire et quantique l'a démontré au XXe siècle : tout ce qui existe est énergie. Plus récemment, la médecine neurophysiologique et la psychanalyse ont produit le concept d'énergie psychique. Toutes nos pensées sont des ondes cérébrales, des vibrations, une force qui peut être concentrée dans un dessein précis. L'intuition bénéficie elle aussi de ce processus, qui la charge de cette intensité si particulière.

Tout ce qui nous entoure est énergie, chargée positivement ou négativement. Les deux polarités cohabitent naturellement, c'est une loi physique. Notre univers est donc un océan de vibrations dont nous sommes imprégnés. Il nous revient de veiller à notre qualité d'être intérieure, et de modifier notre champ d'énergie le cas échéant.

Vous avez sûrement remarqué qu'il nous arrive parfois de nous sentir vidés, faibles en énergie, comme si nous n'avions plus de « jus ». Nous avons l'impression d'avoir besoin de carburant ou d'être réactivés. Il est intéressant, naturellement, de saisir la raison pour laquelle nous vivons cet état et ce que cela traduit à notre sujet. Il nous faut porter notre regard dans notre corps, qui peut nous donner des indications sur ce point. En ce sens, apprendre à ressentir les besoins de notre corps s'avère précieux pour réguler notre état. Nous verrons des techniques spécifiques au chapitre IV de la deuxième partie de cet ouvrage mais, avant cela, je vous suggère le travail suivant…

SE RECHARGER GRÂCE À LA TERRE, SOURCE D'ÉNERGIE

- Asseyez-vous confortablement dans un endroit calme, les pieds bien à plat sur le sol.
- Imaginez une corde d'énergie qui part de la base de votre colonne vertébrale, descend et s'enfonce dans la terre. Sous vos pieds, deux autres cordes se dessinent et plongent elles aussi dans le sol. Tel un arbre, vous avez trois racines connectées à la terre et vous puisez les énergies qui vous régénèrent instantanément.
- Sentez-vous vous remplir de la force de la terre. Imaginez que vous êtes solidement ancré. La force pénètre dans vos jambes, votre bassin, votre buste ; elle alimente toutes vos fonctions vitales. Votre corps reprend une densité dans laquelle vous vous sentez rassemblé.
- Dans la conscience de ce processus, votre intuition et votre pensée dirigent l'énergie.

Cet exercice de la prise de terre permet une solidité et un ancrage instantané. Il est primordial, dans le travail de l'intuition, de rester en lien avec la réalité matérielle, de garder justement les pieds sur terre. Revenez toujours à la réalité concrète pour ne pas vous perdre en chemin en pratiquant régulièrement cet exercice.

Par ailleurs, l'exercice de la prise peut en certaines circonstances pratiques s'avérer extrêmement utile. Voici par exemple le témoignage de Nadine, 32 ans, comptable, qui a expérimenté cet exercice lors d'un séjour à la montagne. Cela lui aurait permis d'éviter un accident.

L'ANCRAGE À LA TERRE DONNE UNE FORCE INSTANTANÉE

Je m'étais retrouvée sur une piste noire alors que cela ne correspondait pas à mon niveau de ski. Je m'étais tout de même engagée dans la descente et, à un moment donné, dans un couloir, j'ai pris trop de vitesse. L'espace d'un instant, j'ai su que si je tombais à cette allure cela risquait d'être vraiment grave. À tout moment, il me semblait que j'allais être expulsée de la piste. Alors, avec toute ma force intérieure, j'ai fait ma « prise de terre » pour concentrer le poids de mon corps dans mes jambes, mes pieds, mes skis. Je me disais : « Je suis ancrée, je suis ancrée. » Je m'imaginais collée à la piste, cela dura une ou deux minutes… J'ai réussi à ne pas tomber et, enfin, j'ai pu m'arrêter. En regardant la descente que je venais de faire, je me suis remerciée d'avoir eu le réflexe de faire cet exercice.

À d'autres moments, il arrive au contraire que vous vous sentiez survolté, prêt à exploser. Cet état n'est pas constructif, et se raisonner ne suffit pas à libérer cet excès d'énergie. À elle seule, notre volonté ne peut pas réguler cela. L'exercice qui suit vous aidera à retrouver un équilibre émotionnel.

RELÂCHER SON ÉNERGIE DANS LA TERRE

- Asseyez-vous, les deux pieds bien à plat sur le sol. Respirez calmement et consciemment. Visualisez une corde qui, depuis la base de votre colonne vertébrale, s'enfonce dans la terre. Vos pieds sont aussi ancrés au sol. Vous réaffirmez votre prise de terre. Vos trois racines sont des canaux dans lesquels se déversent toutes vos énergies et tous vos sentiments perturbateurs. Le surplus négatif quitte votre corps et descend directement au centre de la terre, comme aspiré. Vous lâchez ainsi votre énergie de feu destructeur. La terre va recycler cela...
- Concentrez-vous sur ce travail jusqu'à ce que vous ressentiez un certain calme s'installer en vous. Votre respiration et votre rythme cardiaque doivent s'apaiser pour vous permettre de retrouver votre pleine capacité de bonne gestion des choses. Bien souvent, de 5 à 15 minutes sont suffisantes pour cette régulation physiologique et pour retrouver votre clarté d'esprit.

Que vous soyez en excès ou en manque d'énergie, la nature est votre source d'équilibre. Bien que l'on puisse aussi pratiquer ces deux exercices au bureau ou à la maison, les faire dans un parc est encore plus efficace. Prenez du temps pour vous « baigner » dans la nature, vous vous associerez encore plus à son pouvoir régénérateur. Ainsi, vous faites l'expérience d'une autorégulation par osmose avec elle. Il se passe en quelque sorte un transfert d'énergie et de capacité.

Voir la beauté et l'organisation extraordinaire de la nature nous emplit de sa dynamique de croissance, d'où l'importance de prendre l'air aussi souvent que possible, et de le faire en conscience. Si vous êtes citadin, mettez à profit les parcelles de nature domestiquée, les parcs et autres jardins, et sortez souvent pour marcher sous les rayons du soleil.

Apprendre à percevoir les énergies

Tous les règnes de la nature sont de l'énergie exprimée. Généralement, nous ne nous en rendons pas compte car notre vision ordinaire ne nous montre qu'un aspect restreint de la réalité, or l'humanité vit, se meut et s'exprime dans un monde d'énergie en perpétuel mouvement. L'homme, l'animal, le végétal et le minéral ont leur propre système vibratoire. Poser un autre regard sur ces règnes facilite la perception de ce qui les anime, et le processus intuitif permet d'accéder à cette vision non spécifique. Nous pouvons considérer l'univers comme un vaste champ d'énergie dans lequel tous les phénomènes sont liés et en interaction les uns avec les autres, d'où l'importance d'avoir conscience de cette énergie et de la ressentir pour être actifs et y participer.

L'énergie émanant des végétaux et des arbres est assez facile à observer. Regardez la cime d'un arbre pendant 1 ou 2 minutes sans ajuster votre vue sur un détail. Plissez très légèrement les yeux en gardant le point fixe de la cime. Vous verrez une volute lumineuse qui entoure celle-ci telle une auréole. Cette bande d'énergie se détache dans le ciel. Vous pouvez faire la même expérience avec des objets ou des personnes (en les plaçant devant un fond blanc ou une couleur unie, c'est essentiel). Lorsque nous faisons des photos kirlian (ce sont des sortes de radiographies) du contour des mains et des pieds, nous observons sur les clichés ces mêmes émanations qui s'étirent en filaments sur 1 à 2 centimètres. Certains font une interprétation de ces émanations énergétiques pour établir un diagnostic médical.

En pratiquant les étapes préparatoires d'éveil à l'intuition, vous augmenterez la sensibilité de votre vision et, avec de l'entraînement, vous pourrez distinguer les couleurs qui entourent une personne… Il s'agit de son aura**, ou champ d'énergie, qui peut aller de 0,15 à 2 mètres selon l'état de santé physique et psychique de la personne.

L'EXPÉRIENCE KINESTHÉSIQUE

Il peut être intéressant de développer votre perception kinesthésique (c'est-à-dire par les sensations corporelles) pour mieux percevoir les énergies.

- Frictionnez vos mains l'une contre l'autre, fermez les yeux et approchez vos mains ouvertes, paumes en avant, vers la personne.
- Ressentez... Vos mains sont vos capteurs, mettez-y toute votre concentration. Commencez l'exercice à 2 mètres de la personne et avancez doucement pour sentir là où son énergie commence à se manifester. Faites cela tout autour d'elle. Soyez centré sur vos sensations, et demandez intérieurement à votre intuition de laisser apparaître des couleurs, des images et des symboles.

Deuxième partie

Comment développer son intuition ?

1.

Intensifier la sensibilité des cinq sens pour accroître le sixième

Nous abordons une partie de la réalité avec nos cinq sens. Ceux-ci nous permettent de saisir et d'enregistrer les informations dont nous avons besoin pour nous adapter ou réagir à notre environnement. Plus ces canaux de perception sont stimulés consciemment, plus nous élargissons la gamme des références liées à nos expériences. Nous enrichissons alors notre compréhension du monde extérieur, qui devient l'écho de notre identité profonde. Généralement, nous utilisons un canal privilégié pour appréhender la réalité. Chaque sens est une porte d'accès, une sorte de passerelle qui favorise les échanges entre le monde extérieur et notre monde intérieur. Nous avons à notre disposition six portes de communication possibles.

Le visuel, ou la clairvoyance, le kinesthésique, ou la clairsentience, l'auditif, ou la clairaudience, l'olfactif, le gustatif et enfin l'intuitif.

Voici cinq propositions pour conquérir votre espace intérieur et découvrir comment vous entrez en relation avec le monde.

EXERCICE PRÉLIMINAIRE

Avant chacune des pratiques décrites ci-après pour les cinq sens, effectuez cet exercice préliminaire pour entrer rapidement en contact avec votre intuition.

- Asseyez-vous confortablement, bras et jambes décroisés. Respirez calmement, en prenant quelques grandes inspirations et en relâchant bien à l'expiration.
- Les yeux fermés, faites le vide mental en imaginant balayer toute pensée jusqu'à voir intérieurement un écran blanc. À l'aide de votre imagination créatrice, visualisez l'espace d'un instant une image de calme et de tranquillité d'esprit. Vous pouvez retrouver le paysage de la visualisation « éveil à l'intuition » (voir page 95) ou une autre représentation qui vous inspire la même qualité. Cette image symbolique vous connecte à vous-même et intensifie votre capacité de réceptivité et de disponibilité intuitive. Vous êtes prêt à poser des questions à votre intuition, à vous laisser ressentir...

Le visuel : cultivez un autre regard, devenez clairvoyant

Portez une attention particulière à tout ce qui vous entoure, en prenant le temps de regarder réellement. Tant de choses font partie de votre univers que vous ne les remarquez probablement plus, comme si leur présence s'était fondue dans une place devenue statique. Si l'on n'y prend garde, l'habitude peut ôter toute la profondeur et l'intensité des objets et des événements familiers, voire des personnes proches. L'exercice qui suit consiste à vous amener à poser un regard singulier sur ce qui vous entoure, comme si vous le découvriez.

Choisissez un objet de votre maison, une plante de votre jardin, et observez attentivement tout ce que votre regard ordinaire ne percevait plus. Prenez par exemple une feuille d'arbre et regardez-la en transparence à la lumière du soleil. Voyez ce que votre coup d'œil ordinaire n'y avait jamais observé. Observez le ciel, les formes que dessinent les nuages. Quelle image vous évoquent-ils ? Exercez cette pratique d'attention consciente lors des trajets que vous avez à effectuer dans le bus, le métro, le taxi ou la voiture (lorsque vous êtes passager).

Au café, au restaurant, dans le train, bref dans tous les lieux publics, soyez attentif aux personnes autour de vous, prenez une place d'observateur. Regardez-les parler, bouger, vivre... Que saisissez-vous d'elles ? Que voyez-vous et que comprenez-vous intuitivement de ces personnes ?

La prochaine fois que l'on vous présente quelqu'un pour la première fois, ayez conscience des pensées qui vous traversent. Faites cette expérience dans un état d'esprit de jeu : gardez à l'esprit qu'en la matière il faut éviter de se prendre au sérieux. Lors de ce premier contact, demandez à votre intuition de laisser émerger à votre conscience une image symbolique qui représente globalement la personne, puis interprétez cette image en vous demandant ce que révèle votre perception au sujet de cette personne. Il est probable que l'information porte sur un trait de personnalité dominant chez elle. Naturellement, gardez pour vous ce qui vient à votre conscience car vous n'êtes pas forcément dans la vérité.

Ces exercices du regard singulier vous permettent d'entrer véritablement en résonance avec ce qui vous entoure en cultivant un état de témoin. Vous créez une disponibilité intérieure qui facilite la réception d'images et de flashs. Apprendre ainsi à observer est essentiel pour le développement de l'intuition. Cela vous met en position de réceptivité, c'est une manière d'émettre l'intention de voir ce qui n'est pas visible à l'œil nu comme un scanner. Naturellement, chassez toutes les idées de jugement qui pourraient vous assaillir et n'accueillez que des intentions bienveillantes, pour faire progresser vos capacités intuitives.

Tout entraînement lié aux capacités intuitives nous demande de faire preuve d'humilité, de sagesse et de patience. Le fait de savoir confère un pouvoir inhabituel dont il ne faut pas abuser. En revanche, ce peut être une bonne chose si vous avez la possibilité de vérifier vos informations auprès d'une personne concernée par votre exercice. Cela vous permettra d'évaluer votre progression avec le temps et de savoir mieux repérer quand vous n'êtes pas dans votre intuition.

Le kinesthésique : utilisez votre corps comme un messager

Soyez attentif aux sensations physiques qui traversent votre corps tout au long de la journée. Il s'agit d'apprendre à distinguer chacune des multiples sensations que vous ressentez selon les circonstances. Avec de l'expérience, vous apprendrez à identifier la nature de l'événement, de l'émotion, de la rencontre ou de la situation qui provoque en vous telle sensation agréable, telle autre désagréable. Grâce à cette attention, votre corps devient le révélateur de ce qui se passe dans votre milieu ambiant. Cette capacité à ressentir consiste à nous mettre au diapason avec autrui et avec notre environnement.

Par exemple, vous avez pu remarquer que vous vous sentez plus en forme, comme revitalisé, en présence d'une personne dynamique et bien dans sa peau. C'est intéressant de savoir cela pour utiliser ce canal du ressenti en toute conscience, comme une ressource et un moyen de perception du monde.

À l'inverse, lorsque vous avez rendu visite à une connaissance qui n'allait pas bien moralement ou physiquement, il est possible qu'en la quittant vous éprouviez un sentiment de malaise ou de fatigue. Probablement avez-vous capté son mal-être, lequel s'est inscrit comme message dans votre propre corps. Lorsque vous êtes en présence d'une personne de manière prolongée, un échange inconscient d'énergie et d'informations s'effectue.

Prenez l'habitude de vous questionner sur ce qui a pu provoquer en vous telle ou telle réaction sensorielle. Personnellement, quand je ne « sens » pas une personne que je viens de rencontrer, cela m'alerte et je deviens plus attentive. Bien souvent c'est le signe que la relation risque d'être compliquée. Si c'est nocif pour, ce que je ressens dans mon corps ressemble symboliquement à une fermeture au niveau de la poitrine et à un resserrement au niveau du ventre. Dans ce cas de figure, je m'arrange pour n'établir aucun lien particulier avec cette personne, mais je demande aussi à mon intuition ce que sa présence révèle à mon propre sujet. Dans cette conception que l'autre est un miroir d'une partie de moi-même, je cherche à l'identifier afin de mieux me connaître.

Nous pouvons utiliser un certain libre arbitre dans toutes les relations personnelles ou professionnelles que nous établissons. Grâce à notre clairsentience, nous pouvons devenir lucides des échanges qui se produisent avec notre entourage. Il devient tout à fait bénéfique de clarifier ce que nous voulons vivre avec les autres et ce que nous voulons et pouvons donner et recevoir dans ces relations.

EXERCICE : PRÉPARATION À LA JOURNÉE

Avant de sortir de chez vous le matin, prenez quelques minutes pour réaliser la préparation suivante.

Assis ou debout, fermez les yeux. Détendez-vous en observant chaque partie de votre corps. Déplacez votre attention en respirant calmement et avec amplitude. Vous pouvez par exemple utiliser la respiration de la vague (voir page 92). Connectez-vous aux impressions qui vous animent ce matin. Percevez votre conscience dans votre poitrine, votre ventre, vos jambes... Repérez les zones détendues et celles qui, au contraire, sont contractées ou douloureuses. Pour ces dernières, visualisez votre souffle comme une brise de lumière qui se dirige naturellement vers elles afin de les libérer. Vous ressentirez un certain mieux-être en modifiant ainsi votre état d'être intérieur. En développant cette qualité de présence à vous-même et en accentuant votre lien personnel, vous disposez d'une meilleure connaissance de ce qui se passe en vous. Demandez à ce que votre ressenti soit en éveil tout au long de la journée dans chacun des contacts que vous aurez à vivre. Formulez cette intention que vous imaginez envoyer à tout votre corps. Grâce à cette préparation, vous déposez votre conscience dans votre corps, qui active l'aptitude kinesthésique.

Pour faciliter le décodage de vos sensations grâce à l'intuition, familiarisez-vous avec les questions suivantes : « Qu'est-ce que mon intuition veut donc me dire par telle sensation », « Est-ce que cette personne est bénéfique pour moi ? », « Quel message est contenu dans mes sensations ? », « Est-ce le moment de lui dire telle chose importante ? », etc.

Sentir les lieux

Lorsque vous pénétrez dans une pièce ou un bureau, exercez-vous à ressentir l'énergie qui s'y trouve afin de faire grandir votre sensibilité et accroître la conscience de ce qui vous entoure. Comme tout est vibrations, tout est imprégné d'une certaine énergie que nous pouvons facilement percevoir grâce à notre intuition.

Inconsciemment, chacun fait l'expérience énergétique des lieux : il vous est sûrement arrivé de vous sentir bien chez quelqu'un, comme si quelque chose d'indicible vous remplissait et vous nourrissait. Naturellement, rien n'est visible à l'œil puisque ce ressenti concerne l'émanation vibratoire du lieu (tout comme celle du mobilier, des tableaux, des plantes…). Ce que vous ressentez dans votre corps est donc influencé par l'énergie environnante !

Quelques questions à se poser lorsqu'on arrive quelque part…

- Est-ce un lieu chargé positivement ou négativement pour moi?
- Demandez à votre intuition d'éveiller vos perceptions sensorielles pour vous fournir des renseignements par des réactions corporelles évidentes. Ensuite, écoutez votre

corps, et si les sensations sont agréables, vous pouvez poursuivre l'expérience en explorant les points suivants :

- Qu'est-ce qui est positif ici ?
- Quelle énergie habite ce lieu ?
- Que peut-il s'y passer de bon ? Pour quel type de situations ou de rencontres est-il propice ?
- Comment puis-je profiter de cet endroit ? Que dois-je y faire ?

Si au contraire l'impression première reçue est désagréable, c'est juste aussi et vous pouvez naturellement couper avec l'expérience ou décider de quitter cet endroit. Si vous le désirez, avant de faire cela, vous pouvez aussi explorer l'ambiance de ce lieu en considérant que les murs, les pierres et les meubles gardent la mémoire de tout ce qui s'est passé autour d'eux. À ce moment-là, ayez les deux pieds bien à plat au sol, centrez-vous et demandez à votre intuition de laisser apparaître des réponses à la fois par le ressenti mais surtout par des images afin que les informations soient un peu moins « corporelles » et désagréables. Le visuel vous positionne dans une certaine distance durant l'expérience.

Voici des questions permettant de mieux décoder les choses…

- Si ce lieu était une image symbolique, quelle serait-elle ?
- Qu'est-ce qui est positif (ou négatif) ici ? De quoi le lieu est-il chargé ?
- Quelle peut être l'histoire de cet endroit ?

- Que signifient mes ressentis? À quelles scènes sont-ils associés?
- En quoi cela me touche, moi qui suis dans ce lieu? Qu'est-ce que cela révèle à mon sujet? En quoi cela me concerne-t-il?
- Ai-je à faire quelque chose pour modifier cet état de fait? Quoi? Avec qui? (cela, s'il s'agit d'un endroit habituel).

En recevant les informations, vous pouvez quitter le lieu ainsi que je l'ai évoqué plus haut, ou ressentir si vous devez agir afin de l'harmoniser si les ondes sont négatives. Cet entraînement peut se pratiquer lors de voyages à l'étranger ou dans des sites chargés d'histoire, où il est intéressant de se rendre sans connaissances particulières. Vous pouvez ainsi exercer votre intuition, puis ensuite vérifier si vos informations sont justes en consultant livres et guides. Faites-le lors de votre prochain voyage, vous pourriez être surpris… par votre intuition !

Dans ce sens, des spécialistes de la médecine de l'habitat font un travail sérieux, tout comme les géobiologues, qui interviennent sur les maisons, les entreprises, les terrains, etc., afin de les harmoniser.

Sentir l'énergie entre les personnes

Dès que nous rencontrons une personne, que le cadre soit professionnel ou amical, nous recevons une première impression qui repose sur peu de choses tangibles et que nous avons le plus souvent du mal à nous expliquer. Plus ou moins consciemment, nous cherchons toujours à savoir qui est l'autre... Lors de chaque rencontre, nous vivons un échange d'énergie et d'information, et cette énergie qui circule donne une première information. Cependant, certaines personnes douées d'une haute maîtrise d'elles-mêmes ou fermées ne laissent rien filtrer les concernant. Dans ce cas, nous ne pouvons nous faire une opinion d'elles, et seule notre intuition peut nous fournir des informations. Comme tout est relation et échange, il est important de devenir de plus en plus conscients de ce qui circule en nous et de ce que nous émettons de notre côté.

Prenez l'habitude de vous sentir en contact avec vous-même avant d'être en présence d'autres personnes, et soyez à l'écoute de votre état corporel avant la rencontre : la conscience de l'autre commence par la conscience de soi, l'attention à l'autre commence par l'attention à ce qui se passe en soi.

Pendant votre entrevue, repérez les modifications de sensations que vous pourriez éprouver. Il y a deux possibilités significatives :

– vous vous sentez dynamisé, bien présent à vous, voire peut-être rechargé ou motivé ? Les échanges sont fluides, porteurs de compréhension et d'évolution ?
– vous vous sentez au contraire pesant, abattu voire vidé, ou vous en avez plein la tête ? Vous ressentez un malaise, une difficulté respiratoire, même légère ?

Vos sensations vous renseignent sur la nature de l'échange qui a lieu avec cette personne. Cela peut vous permettre de comprendre la manière dont vous êtes influencé par votre entourage. Vous pouvez aussi en profiter pour progresser personnellement, surtout si vous êtes dans la polarité négative et que vous deviez néanmoins fréquenter cette personne. Nous verrons plus loin comment gérer cette interaction négative avec autrui (voir page 222).

En vous basant sur vos perceptions, utilisez à votre intuition quand il est utile de vous aider à comprendre ce qui se passe en vous. Par exemple, dans une situation où vous avez besoin d'y voir clair, absentez-vous quelques instants de la pièce pour vous retrouver seul et pouvoir prendre du recul afin de faire l'investigation suivante :

- Que se passe-t-il en moi ?
- Que provoque en moi l'énergie de la relation ?
- Qu'ai-je à saisir à travers elle ? Qu'est-ce que cela dénote au sujet de notre relation ?
- Qu'ai-je à modifier en moi, dans mon comportement ou mes paroles, pour retrouver un état de bien-être ?
- Qu'est-ce que cette personne me révèle à mon propre sujet ?

Posez des questions en demandant à votre intuition de collaborer. Prenez un temps afin de laisser émerger les réponses. Vous apprendrez lors d'une autre étape comment préserver votre énergie, pour l'instant éveillez vos sensations, soyez dans le respect de vous, repérez ce qui vous convient ou non et vous saurez à identifier vos réels besoins.

Plus vous serez en connexion avec vous-même et serez investi corporellement dans une solide conscience de ce qui se passe en vous, plus vous maîtriserez votre intuition. Petit conseil pour ceux qui ont besoin d'intensifier leurs perceptions sensorielles : faites régulièrement des séances de massage, cette technique vous ramenant dans la conscience d'habiter votre corps pour vous y ancrer.

Sentir l'énergie des situations

Considérez que toute situation est en résonance avec une facette de vous-même, et que vous vivez chaque situation pour des raisons bien précises ; vous êtes « créateur de votre réalité », souvent à votre insu. Essayez de devenir de plus en plus conscient de ce que vous émettez concrètement dans votre vie. Lorsque tout se passe bien, que les situations correspondent à vos aspirations, c'est le signe d'un équilibre et d'une cohérence intérieure que vous êtes capable de créer jusque dans votre réalité extérieure. En revanche, si vous vous trouvez face à des problèmes, à des situations conflictuelles ou bloquées, c'est le signe qu'il est temps de modifier quelque chose en vous-même. N'oubliez pas que vous êtes cocréateur des situations grâce à l'énergie qui vous habite intérieurement.

Lorsque vous avez à prendre des décisions, à construire un projet, à poser des actes, laissez-vous ressentir vers quoi cela peut vous amener. Pour cela, prenez un peu de temps pour vous-même dans le calme et travaillez avec votre intuition. Si vous éprouvez des difficultés à prendre une décision lorsqu'un choix se présente à vous, voici un exercice simple pour vous aider à choisir ce qui est le mieux pour vous.

LE CHOIX INTUITIF

- Installez-vous confortablement, prenez quelques minutes pour vous centrer dans votre mode intuitif et imaginez, dans votre monde intérieur, un chemin symbolique qui, à un moment donné, se sépare en deux. Ce sont les deux voies ou propositions qui s'offrent à vous.
- Empruntez l'une d'elles dans la conscience d'explorer la première possibilité. Imaginez que le résultat est abouti. Faites comme si tout était déjà réalisé concrètement et voyez précisément la situation. Comment vous sentez-vous intérieurement et physiquement ? quelle posture adoptez-vous ? Qu'est-ce qui émane de vous ? Comment êtes-vous en relation avec votre entourage ? Que se passe-t-il pour vous ? Que gagnez-vous à faire ce choix ? Comment vous sentez-vous dans votre cœur ? Aimez-vous ce que vous vivez ?
- Revenez ensuite à l'embranchement des deux chemins et explorez la deuxième option en imagination, jusqu'à sa réalisation.
- Ensuite seulement, et avec lucidité, faites votre choix et décidez de ce qui est le mieux pour vous. En vous habituant à faire ce processus,

vous repérerez les critères sensoriels qui sont vos indicateurs de choix vous saurez bientôt intuitivement et immédiatement quel choix faire. Au début, agissez avec précaution !

Vous pouvez aussi effectuer cette projection du futur lorsque vous devez faire une action nouvelle. Suivez le même processus : visualisez le projet, de sa mise en place à sa réalisation finale, et observez ce qui se passe en vous. Si votre exploration et, surtout, le résultat sont le reflet de ce que vous voulez, alors foncez. Si au contraire vous sentez des blocages, un malaise, il s'agit de signes qui vous mettent en garde afin de réajuster ou de modifier ce que vous allez entreprendre. Écoutez votre ressenti et demandez à votre intuition ce que cela signifie pour vous, maintenant.

- *Travailler sur le canal du ressenti vous permet de remarquer comment votre environnement influence votre manière d'aborder la vie. Le corps est un fabuleux messager pour ceux qui veulent apprendre à décoder les signes qu'il nous envoie.*
- *Après quelque temps de pratique, vous serez familiarisé avec votre ressenti, qui sera de plus en plus clair ; les messages s'imposeront à vous d'une manière plus évidente.*

L'ouïe : prêtez une oreille attentive

Remarquez comme, bien souvent, en écoutant une personne parler, vous préparez en parallèle une réponse dans votre tête. Vous n'entendez alors d'elle qu'un seul niveau de langage. Demandez-vous ce que vous avez réellement entendu de vos proches pendant le déjeuner aujourd'hui. C'est intéressant n'est-ce pas? Cette communication ordinaire fait partie d'un mode de fonctionnement courant dans nos usages. Découvrez la « véritable » écoute qui vous met en résonance avec une multitude d'informations disponibles dans votre univers et qui vont bien au-delà des mots prononcés.

Lors d'un échange verbal, il y a ce que votre interlocuteur vous formule et ce que vous entendez. Parallèlement, il y a aussi ce qu'il ne dit pas avec des mots mais qui se transmet dans la communication non verbale. Apprendre à mieux écouter autrui vous permet donc de mieux écouter votre voix intérieure, d'où provient votre sagesse personnelle.

Travailler sur l'intuition vous conduit nécessairement à clarifier votre système d'écoute afin d'amplifier votre récepteur et d'aller au-delà de la surface des choses. Ma « petite voix » me dit… encore faut-il savoir l'écouter et repérer les messages qu'elle nous transmet.

Pour accéder à une communication véritable avec vous-même et avec votre entourage, revenez à la pratique suivante aussi souvent que nécessaire. Vous pourrez appliquer l'un ou l'autre des exercices jusqu'à sa maîtrise. Ils sont destinés à vous sensibiliser à l'accueil sensoriel auditif afin que vous vous placiez dans une écoute dynamique. Cela vous permettra, avec de la pratique, de repérer les messages verbaux que votre intuition vous souffle au quotidien.

À l'écoute du non-dit

Dans toutes les relations, placez-vous dans une attitude d'écoute consciente et dites à votre interlocuteur : « Vas-y, j'écoute ! » Ne pensez pas à ce que vous souhaitez dire et mettez-vous le plus possible en position d'accueil et d'ouverture à l'autre, ne lui coupez pas la parole. Vous constaterez combien elle peut être surprise de votre attitude, qui n'est pas courante dans les usages habituels.

Parfois, demandez aussi la présence véritable de l'autre à votre discours en disant : « Écoute-moi vraiment, s'il te plaît. »

Communiquer signifie mettre en commun un langage, une expression. Lorsque vous êtes en présence d'une personne, il y a une raison à votre échange. Lors de ce dernier, probablement, il se sera dit un point sur lequel vous aurez à réfléchir. Chaque personne est attirée magnétiquement par une autre, et il existe une raison d'être à toute rencontre.

Lors de réunions ou de rencontres, positionnez-vous le plus possible dans une écoute attentive de tout ce qui se dit. Gardez le silence pour devenir un témoin. Imaginez ouvrir votre canal auditif en ressentant vos oreilles grandir comme des paraboles. Dites-vous : « Je suis là et j'écoute ! » Soyez consciemment en retrait de l'animation des échanges tout en vous sentant totalement présent à ce qui se passe. Si vous avez envie d'intervenir, demandez-vous au préalable « Ce que j'ai à dire est-il vraiment important? », puis agissez en conséquence.

Demandez intérieurement la collaboration de votre intuition et écoutez :

- ce qui est dit, les mots employés ;
- ce qui cherche à se dire, d'une manière détournée peut-être ;
- ce qui se cache derrière ce qui est exprimé ;
- la manière dont les choses sont verbalisées ;
- ce que chacun recherche réellement au travers de l'échange, etc.

Ensuite, laissez-vous imprégner par ce que chacun exprime inconsciemment. Demandez à votre intuition de répondre à ces questions, dont la liste n'est pas exhaustive : Que veut-il dire? Que cherche-t-il? Comment s'y prend-t-il? Que signifie ce qui est dit? Quelle est son intention réelle?

Tout en écoutant attentivement, observez les mimiques, la gestuelle de chacun, et demandez-vous : « Qu'est-ce que son corps me dit? » Écoutez les réponses qui viennent à votre esprit, laissez venir à vous des impressions.

Déterminez un temps pour cet exercice d'écoute intuitive afin de progresser agréablement. Vous aurez peut-être des difficultés à dégager les messages cachés de chacun : persévérez, et la clarté viendra obligatoirement, comme une radio que l'on parvient à régler sur le bon canal à force d'essayer. Votre petite voix s'affinera…

Habituez vos oreilles à « entendre » des rythmes différents tout en étant de plus en plus conscient de votre univers sonore. Au cours d'une journée, repérez et notez la façon dont votre système auditif est stimulé en évaluant ce qui a été agréable, désagréable, fatigant… En en prenant conscience, créez-vous un univers acoustique de plus en plus équilibré. Apprenez à alterner les moments de silence total avec ceux d'ambiance de nature, de musique agréable, de discussion…

Parfois, vous pourrez vous sentir agressé auditivement, ce qui aura pour conséquence de « fermer » ce canal. Pour vous protéger des désagréments, mieux vaut changer les choses et modifier votre environnement dans la mesure du possible. Si cela n'est pas possible, demandez à votre intuition pourquoi vous êtes dans un environnement qui ne vous convient pas. Donnez-vous les moyens de changer ce qui doit l'être pour vivre en harmonie !

Alternez différentes séquences de la gamme auditive et appréciez chacune d'elles à sa juste valeur…

À l'écoute de soi

Le travail sur l'intuition demande de cultiver une attitude de cohérence personnelle, c'est-à-dire qu'il faut veiller à ce que vos pensées, vos paroles et vos actions soient toujours axées dans la même direction…

Si une personne vous demande un service et que vous pensez « Non, je n'ai pas envie de lui rendre ce service » mais que, pour des raisons particulières, vous dites oui et vous vous exécutez, vous créez en vous une rupture d'énergie : vous pensez non alors que vous émettez oui.

Si vous vous reconnaissez dans cette attitude, travaillez le temps nécessaire jusqu'à vous sentir davantage dans l'affirmation de vous. Peut-être vous faut-il oser dire les choses que vous pensez vraiment. Il est cependant fort possible qu'un frein vous empêche d'être vrai dans vos paroles, aussi je vous invite à explorer les raisons de votre comportement :

- vous craignez de déplaire ;
- vous voulez faire plaisir à tout prix ;
- vous voulez garder l'amour, l'affection de l'autre ;
- vous craignez d'être rejeté ;
- vous faites cela par habitude ;
- vous vous sentez obligé…

Clarifiez ce qui vous pousse à adopter une attitude qui ne respecte pas ce que vous pensez ou ce dont vous avez envie. Sachez qu'à ce moment-là vous êtes manipulé par un frein interne et que vous donnez le pouvoir à l'autre. Dès que vous êtes conscient de ce qui se passe en vous, décidez de modifier votre attitude.

La conscience de soi et de sa manière de communiquer favorise l'accès à l'intuition, qui est aussi une forme de communication puisque c'est un dialogue intérieur. Interrogez-vous sur vos motivations réelles lorsque vous agissez à l'inverse de votre pensée, de votre envie ou de votre intuition.

L'olfactif : ouvrez grand vos narines

Vous percevez le monde des odeurs, des parfums, grâce à votre odorat, un sens dit « archaïque » car il est l'un des premiers qui se développent chez le nourrisson. Certains d'entre nous ont pu garder un intérêt pour le monde des odeurs quand d'autres, en revanche, y sont insensibles.

Voici une invitation à élargir l'expérience de l'odorat, afin de mieux sentir et de développer un certain « flair ». Les personnes qui fument, qui sont allergiques ou qui ont subi une opération des voies nasales peuvent observer un amoindrissement de ce sens. D'autres ignorent simplement leur odorat car elles privilégient peut-être l'intellect au détriment de ce sens si « animal ». Beaucoup d'entre nous méconnaissent la puissance de ce canal de perception, dont la maîtrise peut pourtant considérablement enrichir notre quotidien.

Reprenez contact avec un sens lié à l'instinct de survie, qui était exacerbé du temps *d'Homo erectus*, notre lointain ancêtre. Développer votre odorat favorisera l'émergence d'un flair appréciable à plusieurs titres, et votre intuition s'en trouvera décuplée.

AYEZ DU FLAIR !

Avant de quitter votre domicile, le matin, prenez quelques grandes respirations en imaginant ouvrir davantage le canal de l'odorat afin de repérer la gamme variée de tout ce qui peut parvenir à vos narines. De temps en temps, nettoyez-les !

Si vous êtes fumeur, mettez tout en œuvre pour cesser de fumer, bien sûr pour votre santé, mais aussi pour faciliter l'accès aux perceptions olfactives. La « pollution » que vous subissez agit sur les fonctions de votre corps physique et sur votre champ d'énergie, votre aura**.

À certains moments de la journée, fermez les yeux un instant pour augmenter la présence des odeurs. Vous remarquerez que tout a une odeur, qui en temps ordinaire vous échappe. Notre culture occidentale n'accorde que peu d'importance au sens olfactif, aussi serez-vous sans doute surpris de remarquer l'émanation de certaines choses, et même de certaines personnes.

Allez-y, sentez tout ce qui vous entoure et essayez de décrire les odeurs en mettant des mots sur votre expérience:

— Cette odeur est-elle agréable ou désagréable?

— À quoi vous fait-elle penser?

— Vous rappelle-t-elle un souvenir?

— À quelles odeurs fermez-vous ce sens?

— Quelles sont les odeurs que vous appréciez particulièrement?

Le gustatif: faites frémir vos papilles

Il est primordial d'apprendre à manger en étant dans l'acte conscient de se nourrir. Cela vous ancrera dans l'instant présent de chacune de vos activités, ce qui permet à votre intuition de se développer. Soyez attentif à la variété des saveurs chaque fois que vous mettez quelque chose dans votre bouche. Surtout, mâchez en prenant le temps, c'est ainsi que vous permettez à tout l'arôme contenu dans l'aliment d'être libéré ; en outre, cela facilite la digestion.

Ce cinquième sens complète le visuel, le ressenti, l'écoute et l'olfactif. À la portée de tous, il stimule le goût des choses, de la vie et de l'envie. La Semaine du goût qui est mise en place dans les écoles primaires de France est un excellent moyen de développer l'éducation gustative des enfants.

UN AUTRE GOÛT DES CHOSES

Vous pouvez décider d'expérimenter ce sens seul, mais aussi avec des amis ou en famille. Durant un repas, privilégiez ce que vous dégustez plutôt que l'aspect de convivialité, si réputé dans notre société.

Par exemple, vous pouvez manger en silence ou les yeux fermés. Centrez-vous sur les aliments, en étant attentif à leurs saveurs. Après avoir mangé, décrivez précisément la variété des saveurs, cela vous permettra de mettre des mots sur vos perceptions.

2.

Savoir se positionner et mettre de justes limites

Tout est relation, et la ligne frontière avec autrui est souvent imprécise et floue, ou au contraire rigide et nette. Notre implication émotionnelle nous amène parfois à confondre « se positionner » et « plaire à l'autre ». Pour accentuer l'expression intuitive, clarifions notre position vis-à-vis de notre entourage. Cela est valable pour toutes les relations, affectives, sociales ou professionnelles. Se positionner signifie connaître ce qui est acceptable pour nous et ce qui ne l'est pas. Cela nous permet d'être intègres envers nous-mêmes, ce qui nous conduit à l'être avec les autres, auxquels nous pouvons poser des limites claires à partir de cette conscience.

Dans ce sens, nous devons oser dire les choses et accepter en retour les conséquences de nos paroles. Savoir et sentir que nous respectons nos pensées et nos croyances en les exprimant renforce notre état de cohérence. De ce fait nous sommes amené à vivre davantage d'équilibre et de centrage. Cet état interne accentue la clarté nécessaire à l'expression intuitive, car alors nous sommes dégagés des conflits internes et silencieux. Ainsi que nous l'avons vu précédemment, nous devons veiller à la « pureté » de notre énergie personnelle. Être le plus possible nous-mêmes, authentiques, est un défi que nous pouvons relever chaque jour.

Attitude saine face aux émotions

Le stress, la fatigue, la peur, la colère agissent comme des filtres qui nous empêchent d'accéder à notre intuition. Ce sont des dynamiques qui polluent et détournent la vérité, aussi il est judicieux de ne pas prendre de grandes décisions lorsque nous sommes envahis par l'un de ces états. Même si cela ne fait pas partie de nos habitudes, nous avons tout intérêt à apprendre à détendre notre corps et notre esprit. C'est ce que proposent les exercices de visualisation et de relaxation de ce livre.

Tout d'abord, il convient de modifier notre état intérieur en nous dissociant des influences déstabilisantes. Pour cela, nous devons apprendre à reconnaître les émotions qui perturbent notre équilibre, puis repérer les facteurs qui les déclenchent afin de les traiter. Naturellement, il n'est pas question de les réprimer, plutôt de pouvoir être en contact avec elles pour savoir quand et comment les exprimer de manière appropriée.

Qu'est-ce qu'une émotion ?

Une émotion est liée à une situation ou à une personne. Cette énergie fonde les bases de notre principe d'humanité. Associée aux sensations corporelles, elle utilise notre canal kinesthésique. Le mot « émotion » se décompose ainsi : le préfixe *é-* implique la notion d'intérieur vers l'extérieur, et la racine *motion* signe le mouvement.

À l'origine, l'émotion[1] a pour but de nous informer sur le sens et la nature des expériences rencontrées. L'émotion génère un comportement dans la réalité, aussi nous pouvons dire qu'elle conduit à agir, ou à réagir. L'émotion authentique ou saine aide à opter pour une attitude appropriée à l'environnement et à la réalité du moment. L'hyper émotivité, elle, submerge la personne, qui perd la lucidité sur sa réalité. L'excès inverse d'une personne coupée de son registre émotionnel est aussi défavorable à l'expression intuitive.

1. Voir « Isabelle FILLIOZAT », « Daniel COLEMAN » et « Thierry JANSSEN » dans la bibliographie à la fin de l'ouvrage.

Dans toutes les cultures, on retrouve cinq émotions primordiales : la peur, la colère, la tristesse, le dégoût, la joie. Elles sont stockées dans notre cerveau limbique avec les souvenirs, les sensations, la sélection des ressources et les émotions.

Bien souvent, nous confondons émotions et sentiments. Ces derniers ont comme particularité d'avoir été mentalisés puis associés à une situation non résolue. Voici des exemples de sentiments : jalousie, culpabilité, rage, envie ou humiliation, du côté négatif, et tendresse, confiance ou dévotion du côté positif.

La jalousie est une combinaison de colère associée à la peur d'être abandonné et à la tristesse de ne pas se sentir aimé comme on le voudrait. Elle se réactive dès qu'une situation ravive une ancienne blessure d'abandon. Généralement, les émotions perturbatrices sont étroitement liées à des situations qui se sont comme gelées dans notre mémoire. Celles-ci n'ont probablement pas pu être intégrées dans notre identité, c'est pourquoi la mémoire ancienne est activée chaque fois qu'un fait présente des similitudes avec le passé. Immédiatement alors tout se rejoue, mais cette fois dans la vie présente de l'adulte. Notre volonté à elle seule ne peut pas empêcher ce processus de se reproduire.

En revanche, travailler sur le plan émotionnel rend possible la libération d'énergies ainsi bloquées. Cela nous permet, petit à petit, d'apporter des réponses appropriées aux situations quotidiennes de notre réalité d'aujourd'hui. En remettant chaque chose à sa place, nous gagnons en sérénité et en discernement.

> *« Gérer l'émotion », cela signifie l'identifier, la canaliser et la légitimer à sa juste place. C'est de cette manière que nous entrons dans une plus grande cohérence et une adéquation avec nous-mêmes. L'émotion est un mouvement passager. Nous devons la laisser passer, l'accompagner dans son élan énergétique jusqu'à un accomplissement constructif. Nous ne pouvons en aucune manière nous autoriser à la déverser sur l'autre, nous en servir pour blesser ou pour nous détruire. Il s'agit d'être maître de soi tout en restant vrai.*

Rôle des émotions dans la réception d'une information intuitive

Le calme intérieur contribue pour une large part à l'expression de l'intuition. Toutefois, il arrive que l'on vive une perturbation émotionnelle due à une situation particulière, l'écoute attentive et bienveillante d'un ami ou d'un membre de la famille est extrêmement aidant à ce moment-là. Lorsque nous avons l'opportunité de nous montrer tels que nous sommes et de parler franchement de ce que nous ressentons, cela peut nous apaiser. Parfois cependant, ce n'est pas suffisant pour trouver un véritable équilibre émotionnel. Nous avons alors à notre disposition plusieurs possibilités pour apprendre à ne pas nous laisser submerger par ce qui se passe en nous. Cela va de l'accompagnement en psychothérapie à la création artistique, au théâtre, à la méditation et à l'harmonisation par les fleurs du Dr Bach, en passant par une alimentation saine, les arts martiaux, la danse, le sport… Chacun doit se donner les moyens de trouver son équilibre émotionnel.

Chaque émotion contient un germe positif lorsqu'elle est travaillée et « alchimisée », car à l'état brut elle peut être dommageable. Ci-après, les tableaux des extrêmes et de la voie de la maîtrise, celle du milieu, vous donneront de nouvelles perspectives au sujet de deux émotions : la colère et la tristesse.

La colère

Dans le langage métaphorique, elle est associée à l'énergie du feu. Extrêmement active, elle se tourne vers l'extérieur et favorise l'action. Pour qu'elle devienne bénéfique, nous devons être conscients de nous-mêmes et de ce qui nous pousse à agir.

Colère inhibée	Colère métamorphosée	Colère exprimée avec excès
↓	↓	↓
L'énergie est retournée contre la personne.	Elle devient une ressource et un potentiel créateur.	L'énergie est retournée contre les autres.
↓	↓	↓
Résignation	Courage	Despotisme
Mélancolie	Volonté	Autoritarisme
Passivité	Esprit d'entreprise	Jugement
Soumission	Puissance	Irritation
Paresse	Juste autorité...	Agressivité
Laxisme		Emportement...
Lâcheté...		

La tristesse

Cette émotion implique un retour sur soi, nécessaire et temporaire, dans un processus de séparation ou de deuil. Il s'agit d'une réaction saine pour intégrer ce qui nous a conduits à éprouver cette tristesse. Accéder à elle va nous amener plus aisément au détachement et à l'acceptation de ce qui était et qui n'est plus. Au contraire, la tristesse chronique conduit à la mélancolie et au désespoir, celle-ci n'est pas un processus de transformation, mais elle fige et annihile.

Inhibition ou refoulement de la tristesse	Tristesse métamorphosée	Excès de tristesse qui envahit totalement la personne
↓	↓	↓
Froideur Rigidité Orgueil Cruauté Indifférence Insensibilité…	« Alchimisée » et dépassée, elle devient… ↓ Sensibilité Acceptation Compassion Empathie…	Dépression Apathie Attentisme Mélancolie Anéantissement Abattement…

Dépasser les émotions perturbatrices

Si l'on se laisse submerger par ses émotions, on a l'impression qu'on ne peut pas leur échapper. Ainsi coincée dans un manque de liberté, l'intuition a peu de possibilités d'épanouissement. Si, au contraire, l'on prend conscience des émotions au fur et à mesure qu'elles se manifestent, l'attention ainsi développée suscite réflexion et expression verbale. Ainsi nommée, l'émotion prend sa réalité dans le présent et peut être remise à sa juste place : pour maîtriser ses émotions, il convient de savoir trouver une juste distanciation avec elles.

Dès lors, la gestion de nos émotions offre un état particulièrement fécond : lorsque nous sommes en accord avec notre ressenti émotionnel, notre clairsentience peut s'exprimer facilement. Si l'émotion vraie n'est pas un obstacle à l'intuition, l'inhibition (ou son excès) en revanche en est un sérieux.

L'instrument de la gestion émotionnelle est la fluidité. Elle confère une puissance de création : nous en faisons l'expérience de temps à autre, lorsque nous donnons le meilleur de nous-mêmes en dépassant nos limites sans nous poser de questions sur la réussite de ce que nous entreprenons. Notre attention est concentrée sur l'action, dans une présence exacerbée qui gomme toute notion de temps et d'espace. Ici, la conscience se confond à l'action pour former un tout. La fluidité devient un état d'excellence auquel la réussite est étroitement liée. La fluidité nécessite une pratique de concentration intense dans laquelle l'inquiétude, la difficulté ou l'ennui sont écartés. Dans cet état d'être, toutes nos capacités sont mobilisées, transcendées même, et notre énergie est propice à la présence de l'intuition, de la clairvoyance et de l'inspiration.

La peur

Elle est souvent ressentie alors qu'elle n'est pas adaptée à la situation présente. Dans l'histoire de notre humanité, elle nous servait à anticiper un danger réel pour y faire face de manière cohérente. Elle est intimement liée à notre instinct de survie.

Dans notre culture occidentale, la peur subsiste et se focalise sur des dangers parfois hypothétiques. Son énergie est si dense et magnétique que, bien souvent, nous attirons l'objet de notre peur. Elle nous conduit à voir les situations de manière si menaçante que cela peut nous paralyser ou nous anéantir, ce qui nous amène à vivre dans un sentiment d'insécurité quasi permanent. L'intuition n'a aucun espace pour se manifester quand nous sommes sous la domination de la peur.

De quoi avons-nous peur aujourd'hui? Nous avons peur d'être critiqués, peur de l'inconnu, peur des autres et des nouvelles rencontres, peur du chômage, peur d'être abandonnés, peur de déplaire, peur de souffrir, peur de dire les choses clairement, peur de vivre et de réussir, peur de vieillir, peur de mourir…

Nous pouvons travailler sur nos fantômes intérieurs pour nous libérer de ces peurs, qui ont pris racine dans notre enfance. Nous avons à dissoudre ces énergies afin d'optimiser notre présent. Vous trouverez un exercice à effectuer sur l'enfant intérieur (voir page 234) qui vous aidera à rassurer cette part de vous-même. Rappelez-vous que les informations qui vous viennent lorsque vous êtes dans la peur ou l'inquiétude ne sont généralement qu'un prolongement de celles-ci. Elles n'ont donc rien à voir avec l'expression intuitive.

La protection personnelle

Chaque personne dégage son émanation énergétique propre. Vous l'avez probablement expérimentée, dans les transports en commun par exemple. Il est possible que vous ayez déjà eu un ressenti désagréable en présence d'une personne que pourtant vous ne connaissiez pas. Intuitivement, vous aviez envie de vous éloigner d'elle sans que rien de logique ne vienne forcément expliquer votre ressenti. Vous avez probablement capté son énergie et, inconsciemment, quelque chose vous a dérangé. Vos canaux de perception sont comme des radars qui peuvent vous renseigner immédiatement sur ce qui se passe autour de vous. L'intuition vous permet d'avoir un complément d'information au sujet de ce qui se passe, pour adopter l'attitude la plus appropriée.

Comme nous l'avons vu, le fait que nous soyons constitués d'énergies qui circulent en permanence conduit à des échanges constants avec ceux qui nous entourent. Ceux-ci sont inconscients, seul un contact avec nos sensations corporelles nous permet de les repérer.

Il nous arrive de nous sentir vidés et pompés, ou au contraire chargés d'un poids un peu lourd. Si nous avons été en relation avec un proche, il est probable que notre état interne se soit modifié. Une impression de vide et de fatigue signifie que la personne nous a « vampirisés » dans une aspiration de notre énergie qui l'a régénérée, dont elle s'est nourrie pour tenter de se rééquilibrer. C'est fréquemment le cas avec les personnes faibles ou malades, dépressives ou en état de grand stress, mais aussi avec les personnes dominantes ou en phase hyperactive.

LA PROTECTION

Tout au long de cet ouvrage, vous comprenez comment mettre des limites verbales et psychologiques qui ont une influence sur votre capital d'énergie. Un exercice simple vous permettra de disposer d'une barrière, ou protection personnelle, grâce à laquelle vous préserverez votre énergie sans la disperser.

- Visualisez-vous entouré d'une bulle de lumière qui peut avoir la forme d'un œuf (vous pouvez aussi faire cet exercice en vous visualisant à l'intérieur d'une pyramide de verre). Vous vous voyez et vous ressentez comme à l'intérieur de cet œuf lumineux, en sécurité et vivifié.
- Expérimentez par exemple cet exercice lorsque vous prévoyez de rencontrer beaucoup de personnes dans la journée. Le soir venu, faites le point sur votre état corporel et voyez comment la protection a pu agir.

3.

Libérer le mental des pensées limitatives pour une liberté d'être

Parce que la nouveauté et le changement nous font sortir de nos habitudes, ils nous exposent à nos limites personnelles. Lorsqu'on travaille sur le développement de l'intuition, la « dépollution du système mental » est un passage nécessaire. À la manière de grilles, nos pensées négatives filtrent en effet toutes les informations qui nous parviennent. Nous devons les désactiver afin qu'elles n'interfèrent pas avec notre processus de croissance intuitif.

« Mes pensées créent ma réalité », « La pensée est créatrice »... Ce concept est de plus en plus répandu dans les courants philosophiques, psychologiques et spirituels. Envisagée dans son sens global, cette conception du pouvoir de la pensée et de son impact sur le subconscient favorise la responsabilité, tant individuelle que collective. Elle procure en outre un sentiment de liberté face aux événements de la vie. Pour être appliquée, cette idée nécessite un travail d'introspection, qui seul permet de se tenir attentif et à l'écoute des pensées qui défilent dans notre tête à tout instant. Bien sûr, nous captons son contenu de manière épisodique et cela peut dépendre des situations et des personnes que nous rencontrons dans notre quotidien. Prêter une attention particulière à ses pensées est un entraînement qui accroît la conscience et la lucidité sur soi-même. Cela nous procure une compréhension sur la manière dont nous fonctionnons et sur les facteurs qui déclenchent des situations dans notre réalité. Cette conscience est un des accès aux clés du changement, comme nous le verrons plus loin.

Cependant, je recommande vivement de ne pas prendre ce concept au pied de la lettre. Pris au premier degré, il peut en effet être dommageable et conduire certaines personnes dans la confusion, la culpabilité ou l'indifférence face aux difficultés de leur entourage. En effet, s'il m'arrive un événement dramatique et que je me dise « Mes pensées créent ma réalité, et donc ce qui m'arrive est de ma faute », ou si un de mes proches rencontre un problème grave et que je pense « Comme sa pensée est créatrice, il a créé ce qui lui arrive... », une telle attitude fondée sur une interprétation erronée et caricaturale du concept génère de la souffrance.

Il convient donc d'en explorer les subtilités afin d'en tirer tous les enseignements possibles pour construire sa vie. Alors seulement, cela devient un véritable levier au changement et à la maîtrise de soi.

Le pouvoir créateur de la pensée

Mes pensées émettent des fréquences, positives ou négatives selon leur contenu. En circulant dans mon corps physique et dans mon système émotionnel, ces fréquences vont influencer mon état intérieur. En effet, mes pensées sont associées à des expériences, à des sentiments et à des émotions. Ainsi chargé d'une certaine ambiance, énergie ou vibration, je suis amené à vivre des événements et des rencontres en résonance avec ce qui m'habite intérieurement.

Mes pensées influent sur mon ressenti et sur ma manière de voir les choses. Elles se nourrissent de mes expériences passées, de mon état d'esprit actuel, et deviennent magnétiques : j'attire à moi ce qui est déjà présent en moi et qui révèle l'une ou l'autre des facettes de mon identité. Si, par exemple, tout en souhaitant mettre en place un projet, je pense « Je n'y arriverai pas, ce n'est pas pour moi », il y a de fortes chances pour que je parvienne concrètement à ce résultat négatif dans ma vie, en attirant des personnes et en favorisant des situations qui correspondent à ma polarité négative. J'aborde la réalité avec mon propre système, tel qu'il est organisé en moi.

- *Nos pensées agissent sur l'état de notre corps, car lui-même est énergie.*
- *Nos pensées s'alimentent de nos émotions et de nos sentiments pour s'activer.*
- *Nos pensées nous font vivre une réalité qui correspond à celles-ci.*
- *Nos pensées deviennent des croyances, puis des décisions.*
- *Il y a des pensées plus ou moins actives et puissantes.*
- *Penser négatif génère des vibrations négatives qui conduisent à des phénomènes négatifs.*
- *Penser positif génère des vibrations positives qui conduisent à des phénomènes positifs.*

Les pensées peuvent modifier et affecter notre monde extérieur. Si nous y sommes attentifs et que nous les modifions au moment où nous les percevons, nous pouvons changer notre état. La loi physique et spirituelle de cause à effet se vérifie dans notre vie quotidienne : ma réalité extérieure est en résonance avec ma propre organisation intérieure, avec mes références, avec mes croyances…

Depuis notre arrivée au monde, nous avons une compréhension de l'existence basée sur notre expérience. Certains événements vécus douloureusement, comme une maladie, un accident, la perte d'un membre de la famille ou le divorce des parents, ont pu perturber notre processus de croissance et de réussite personnelle. Bien souvent, des émotions et des désirs non exprimés ont, eux aussi, participé à l'élaboration d'un système, de pensées ou de croyances, négatif. C'est une sorte de mémoire inscrite en nous, qui se répète à l'adolescence puis dans notre vie adulte. Nous sommes tous liés à un conditionnement, fruit de notre apprentissage au cours duquel notre pensée forge un système de valeurs bien spécifique. En référence avec mon vécu, je me fais une idée du monde et de ma place dans celui-ci.

Malgré tout, il n'y a là aucune fatalité. Nos pensées sont une résultante inconsciente sur laquelle nous pouvons agir pour les modifier. Il s'agit de procéder en deux étapes : prendre conscience de ces pensées puis effectuer un certain travail pour les transformer. La manière dont nous vivons chacune de nos expériences est capitale : nous nous positionnons soit en victimes, soit en êtres responsables et créateurs.

Les étapes de cheminement d'une pensée à l'intérieur de soi pensée = intention = vibration

Niveau mental

La pensée naît à ce niveau-là, puis rencontre notre système inconscient de croyances psychiques. Elle va s'intégrer à notre organisation mentale, ou au contraire en sera expulsée parce que trop éloignée de ce en quoi nous croyons, sauf si nous faisons un travail pour progressivement modifier nos croyances. C'est dans le mental que la pensée trouve des alliés pour se renforcer, c'est donc à ce niveau-là que l'on peut mettre en place une dynamique du changement. Au niveau mental, nous pouvons émettre une nouvelle vibration correspondant à ce que nous désirons, et pas seulement à ce que nous avons vécu.

Niveau spirituel

Seules les pensées et les affirmations de nature positive y ont accès car elles sont symboliquement chargées de lumière. Une pensée fait un passage rapide sur le plan de l'âme pour se charger en foi. Cela se fera aisément si cette pensée ne contrarie pas le chemin d'évolution de l'âme. Elle doit faire au moins partie des options proposées, qui sont mises à disposition de notre libre arbitre. La pensée se charge alors d'énergie divine, ce qui va faciliter sa matérialisation.

Niveau émotionnel

Pensée + sentiment ou émotion = charge énergétique et magnétique

Pour exister plus intensément, la pensée a besoin de l'énergie émotionnelle comme alimentation vitale. Elle va donc trouver une correspondance à ce niveau, où elle se charge en énergie grâce aux souvenirs qui y sont stockés, ce qui lui donne plus de vie. La pensée prend alors corps dans les sensations et continue son voyage.

Niveau physique ou réalité matérielle

Depuis l'idée qui germe dans la tête, la pensée a cheminé à travers les différents niveaux de l'être comme nous venons de le voir ; mental, émotionnel, spirituel et physique. Lorsqu'elle parvient à ce dernier niveau, la pensée génère des décisions, puis des actions dans la vie : c'est ici qu'a lieu la concrétisation de la pensée dans la réalité, d'abord par la parole, puis par l'action. C'est un point important, car seuls nos actes nous font savoir si nous allons dans le sens de notre pensée. Ils sont une « percée » que nous créons dans la matière où la graine « pensée » peut prendre racine et grandir. Nos actes et nos paroles doivent donc toujours être le prolongement de notre pensée pour favoriser l'accueil de celle-ci. Cet alignement pensée-parole-action ne se décrète pas du jour au lendemain, il est le fruit d'un travail personnel de prise de conscience.

Il est important que la pensée prenne racine à ces quatre niveaux, sans subir de rejet dans l'un ou dans l'autre. Pour cela, notre pensée doit être en cohérence avec notre réalité et nos capacités pour trouver sa concrétisation matérielle. Sinon, elle reste dans le rêve ou le fantasme d'un idéal que l'on sait inaccessible.

À chacun son filtre

Les pensées négatives nient notre essence spirituelle. Nombre d'entre nous utilisent machinalement des formules telles que « Je suis nul », « Je n'y arriverai jamais », « Je suis vraiment trop bête », « Je n'ai jamais de chance », etc. Il est primordial de prendre conscience de ces phrases négatives et restrictives que l'on répète sans même prêter attention à leur sens, car elles sont terriblement puissantes. Elles trouvent facilement leur matérialisation car elles empruntent un chemin direct jusqu'à la réalité matérielle.

À l'origine, les pensées de nature négative s'articulent autour d'un noyau d'échec, de souffrance et de frustration. Nous avons pu adopter des croyances et des comportements en réaction à des critiques, des petites remarques, une accumulation de reproches venant de la famille ou de l'environnement proche. Lorsqu'elles sont répétitives et associées à certaines expériences particulières, elles deviennent des croyances, or ce à quoi nous croyons profondément se manifeste automatiquement. La plupart d'entre nous porte une blessure d'enfance inscrite en nous jusque dans notre réalité d'aujourd'hui.

Les pensées négatives nous limitent dans notre perspective de croissance et de réalisation. Ce système est aussi appelé « scénario[1] » parce qu'il est écrit et se rejoue tant

1. Voir « Éric BERNE » dans la bibliographie à la fin de l'ouvrage.

qu'il n'est pas modifié. Gagner notre liberté et sortir de ces contraintes personnelles est un travail qui demande à être accompagné. Le processus est le suivant: prendre conscience de ses pensées négatives, œuvrer à les transformer, puis savoir ce que l'on veut obtenir pour créer un nouveau programme à implanter sans son psychisme.

Les freins à l'émergence de l'intuition

Découvrez votre croyance négative et libérez votre potentiel énergétique

Les pensées négatives freinent le développement de l'intuition. Il existe plusieurs familles de croyances limitatives, en voici un aperçu. Ces phrases négatives que l'on pense ou que l'on formule à propos de soi-même sans en mesurer la portée peuvent être transformées.

Dans un processus de changement, il est important de prendre conscience de nos postures négatives vis-à-vis de nous-mêmes, afin de nous en libérer.

Croyances qui concernent nos capacités:

- Je ne suis pas à la hauteur de...
- Je ne suis pas capable de...
- Ce n'est pas possible de...

– Ça ne vaut pas la peine de…

Croyances qui touchent à notre valeur :

– Je ne mérite pas…
– C'est trop beau pour moi…
– Je ne vaux rien, je suis nul, idiot…
– Je ne suis pas assez bien pour…

Croyances associées à des interdits :

– Je n'ai pas le droit de…
– Je ne sais pas ce que j'ai à faire…
– Il m'est interdit de…
– Je doute de pouvoir…

Croyances associées à la place que nous avons :

– Je suis insignifiant…
– Je n'ai pas ma place…
– Je ne suis pas complet…
– Je ne suis pas désiré…
– Il me serait risqué d'être moi…

À la lecture de ces phrases, je vous invite à repérer la ou les croyances qui semblent correspondre à ce que vous vivez, afin de vous en dégager. Remarquez la façon dont certaines font écho à votre propre histoire, dont elles surgissent à des périodes où se profile une perspective de changement, lorsque vous voulez passer à « autre chose ». Elles sont aussi virulentes dans nos moments de vulnérabilité, d'épuisement, de stress, de choc affectif ou de crise personnelle. N'oublions pas que, parfois, elles se manifestent simplement quand ceux qui nous entourent ou certaines situations nous rappellent par un détail un élément similaire de notre passé qui n'est pas encore résolu. Cette mémorisation ancienne se superpose à notre réalité d'aujourd'hui, et le scénario se rejoue cette fois avec d'autres acteurs. Pour en sortir, repérez la croyance qui vous est propre et remplacez les phrases négatives par des phrases constructives pour agir sur votre présent :

- Je vais me donner les moyens de…
- Je vais tout faire pour…
- Cela vaut la peine d'essayer…
- Au fond de moi je le mérite…
- Je choisis de me donner la permission de…
- Je prends ma vie en main pour lui donner une direction…

Lorsque nous sommes conscients des processus ancrés en nous, nous pouvons agir sur eux en apprenant à nous « déprogrammer ».

Nous sommes tous plus ou moins prisonniers d'un scénario qui se répète. Bien sûr, notre manière de penser et ses implications ne changent pas du jour au lendemain, car elles sont plus ou moins inconscientes, aussi notre bonne volonté et notre persévérance sont-elles indispensables au changement intérieur. L'analyse de nos pensées est le point de départ du processus de libération que nous engageons. Si vous vous sentez prisonnier de croyances, l'exercice de clarification mentale ci-dessous vous aidera à prendre conscience des vôtres, ainsi que de votre mécanisme d'échec afin d'y remédier.

Processus de clarification mentale

- Listez les pensées, les jugements ou les images négatives que vous avez à votre sujet. Pour cela, demandez à votre intuition de collaborer à ce travail. En prenant un petit temps de réflexion, vous pouvez vous rappeler d'un moment ou d'une situation où vous n'étiez pas bien avec vous-même, où vous étiez en échec. Écrivez les phrases que vous vous disiez (par exemple, « Je suis nulle », « Ma pauvre fille »...).

- Commentez alors chaque phrase afin de la relier à votre histoire personnelle.

- Qui, dans votre entourage du passé, est concerné par l'élaboration de cette croyance? Qu'auriez-vous à dire à cette personne? Contactez ce que vous ressentez authentiquement pour vous réapproprier vos véritables sentiments. Ouvrez-vous à la compréhension de ce qui s'est passé pour vous afin de donner plus de sens à votre histoire. Vous pouvez ainsi détacher le lien qui vous ramène sans cesse dans le passé.

- Quand vous sentez-vous dans cette phase négative? Comment vous sentez-vous dans ces moments? Quel état interne observez-vous? Quels sentiments ou émotions vivez-vous?

- Ensuite, dégagez la phrase concernant la croyance la plus restrictive, celle qui vous pose le plus de problèmes ou qui crée en vous le plus de souffrances et demandez-vous quel peut être le bénéfice positif (inconscient) que vous en retirez malgré tout.

- Après avoir exploré ces différentes étapes, lisez l'exercice suivant, qui favorise la métamorphose, puis faites-le. Vous pouvez enregistrer cette visualisation afin de vous laisser guider.

EXERCICE DE LIBÉRATION :
LA VISUALISATION CRÉATRICE DE L'ENFANT LIBRE

- Détendez-vous, faites la respiration de la vague pendant quelques instants (voir page 92).
- Remémorez-vous la phrase à dissoudre. Fermez les yeux. Voyez intérieurement et sentez la façon dont cette phrase se manifeste encore dans votre vie. Imaginez les situations, les actions et les comportements que vous adoptez sous son influence... Voyez quelle image vous montrez, quelle expression vous employez... Prenez quelques minutes pour explorer la manière dont votre « état » influe sur votre entourage.
- Ensuite, formulez votre décision de lâcher cette croyance pour en être libéré.

- Visualisez alors en vous la présence d'un paysage que vous aimez et imaginez que vous trouvez dans celui-ci le chemin du temps. Voyez-vous remonter dans votre passé, jusqu'à retrouver le petit garçon ou la petite fille qui a inscrit en lui la croyance. Vous allez établir un dialogue avec ce petit enfant. Soyez bienveillant et expliquez-lui votre prise de conscience...
- Enfin, voyez la ou les personnes concernées par votre programmation négative et exprimez-leur tout ce qui est juste pour vous. Finalement, mettez tout cela dans une boîte et remettez-la-leur. Vous rendez ainsi les éléments négatifs. Dites « Papa, je te rends... ce qui ne m'appartient pas... », « Maman je te rends... », etc. Imaginez alors l'enfant libre... Sentez-vous allégé, libéré, détaché...
- Quand vous vous sentez prêt, revenez à l'époque d'aujourd'hui en empruntant dans l'autre sens le chemin du temps pour votre retour. Imaginez-vous marcher jusqu'à revenir à l'âge que vous avez maintenant.
- Prenez quelques notes, dessinez ce nouvel état d'être.

Décidez ensuite de l'action concrète à réaliser dans votre quotidien, et du moment où la mettre en place. Souvenez-vous que le changement profond passe par l'action dans la réalité. Inscrivez cette action dans votre agenda, à la date de votre choix, et faites-la. Vous pourrez compléter ce travail par les exercices qui suivent.

Engagement envers soi-même

Nous pouvons prendre l'engagement de renoncer à ce qui nous limite dans la vie ou à ce qui nous pèse réellement. Renoncer signifie « lâcher prise », « dire au revoir à… ». Voici un exercice qui, à la manière d'un rite, agit comme un acte symbolique.

Nous pouvons utiliser la puissance d'actes qui ont presque un caractère sacré, parce que nous en portons l'essence au plus profond de nous-mêmes. Un rite est une action symbolique qui s'accomplit selon des règles précises. C'est en quelque sorte une clé qui permet d'effectuer un passage. Ce processus fonctionne grâce au caractère cérémonial qu'on peut lui donner. C'est un geste, une prière ou une action qui traduit la capacité qu'a la personne de se responsabiliser par rapport à ce qu'elle vit. Ici, je vous invite à faire une action pour déposer ce qui peut vous encombrer intérieurement. La prise de conscience ne suffit pas à changer, aussi peut-on la prolonger avec un engagement qui s'appuie sur un acte symbolique. On manifeste ainsi une réelle volonté de voir changer les choses.

Toutefois, ce processus ne remplace pas un travail personnel lorsque c'est nécessaire. Si ces exercices vous parlent, gardez à l'esprit qu'ils n'agissent pas comme par magie : le rite n'a de sens que s'il s'inscrit dans un processus de conscience globale, pour lequel il est toujours préférable d'être accompagné. Si vous doutez de votre capacité à y faire face tout seul, il est primordial que vous demandiez l'aide d'un professionnel pour vous accompagner dans votre transformation.

LA TERRE

Pour réaliser cet exercice, achetez un bloc d'argile de la couleur que vous souhaitez.

- Prenez un morceau d'argile, pétrissez-le assez longuement, puis choisissez ce que vous souhaitez y mettre ; ce peut être une croyance limitante, une peur qui vous bloque, un état interne... Demandez-vous intérieurement ce que vous avez à lâcher pour rendre votre vie plus agréable ou plus facile.
- Malaxez la terre jusqu'à ce qu'une forme apparaisse. Laissez vos mains libres. Faites cela en toute conscience, en imaginant que la forme se charge de toute l'énergie que vous voulez lâcher. Cela représente ce à quoi vous renoncez.
- Faites sécher l'objet de votre création durant trois jours, puis allez l'enterrer quelque part. Procédez à ce rite avec toute votre force de conviction. Émettez l'intention de voir disparaître ce que vous avez mis dans l'objet...
- Dans quelque temps, l'objet d'argile sera assimilé par la terre. Lorsque ce processus sera accompli, vous vous sentirez plus libre !

Anne-Laure, 34 ans, séparée avec deux enfants, se libéra d'un poids qu'elle portait depuis qu'elle avait quitté son mari. Il s'agissait du sentiment de culpabilité d'avoir pris l'initiative de cette rupture contre l'avis de son entourage. On lui disait: « Les choses vont s'arranger », « Tu ne peux pas faire ça, les enfants sont petits », « Tiens bon, ça va passer », « Fais un effort, ton mari te donne une vie confortable financièrement », etc. Anne-Laure, malheureuse, savait qu'il fallait qu'elle se sépare, que c'était la meilleure chose à faire, mais elle avait mauvaise conscience et s'en voulait des perturbations que cela occasionnait. Elle saisit l'opportunité de lâcher les reproches qu'elle se faisait grâce à ce travail avec l'argile. Elle décida fermement qu'il était temps qu'elle renonce à ce sentiment de culpabilité ; elle le déversa dans la terre, et la forme d'un cœur apparut entre ses mains. Quelque temps plus tard, elle se sentit comme allégée d'un fardeau. Cela lui permit de s'affirmer auprès de son entourage, et ses relations devinrent harmonieuses.

LE FEU PURIFICATEUR

Voici maintenant un exercice qui concerne surtout les personnes n'ayant pas pu s'exprimer à un moment donné et qui auraient gardé en elles de la colère, de la frustration ou de la rancœur. Parfois, il est difficile ou inapproprié de déverser tout ce que l'on a sur le cœur à la personne concernée. Les circonstances ne s'y prêtent peut-être pas, ou plus. Ici, l'acte symbolique consiste à lui écrire une longue lettre.

- Écrivez à cette personne jusqu'à ce que plus aucun mot ne vous vienne à l'esprit. Dites absolument tout ce qui doit être exprimé. Après cela, vous ressentirez probablement un soulagement parce que les mots ne seront plus enfermés en vous.
- La seconde étape consiste à allumer un feu, si vous avez une cheminée, ou à utiliser une bougie si c'est plus pratique. Le feu, par son action purificatrice, va contribuer à faire partir en fumée votre ressentiment, votre frustration, etc.
- En toute conscience, brûlez chaque page en la regardant noircir et avaler les mots. En même temps, émettez l'intention d'être libéré ; vous pouvez également dire les choses à haute voix.
- Grâce à cet acte symbolique, vous vous sentirez apaisé et comme vidé d'un poids qui vous pesait.

Implanter des pensées positives et des clés de vie

Le positivisme n'est pas un phénomène nouveau. Il prend naissance avec le philosophe Auguste Comte (1798-1857), reconnu comme l'un des fondateurs de la sociologie, et avec la diffusion de ses cours sur la philosophie positive. C'est à Descartes, auquel il associe le philosophe anglais Francis Bacon et Galilée, que Comte fait remonter la philosophie positive. Réalité, utilité, certitude, précision, organisation : telles sont les valeurs positives décrites dans le *Grand Larousse de la philosophie.*

Plus récemment, au début du XXe siècle, les travaux du docteur Émile Coué sur la pensée positive et l'autosuggestion apportent un nouveau développement au positivisme. Bien que ces recherches semblent dépassées, voire considérées comme simplistes, de nombreuses techniques pédagogiques et méthodes thérapeutiques s'en inspirent. Je cite par exemple la programmation neurolinguistique (PNL), le training autogène de Schultz, la sophrologie, le coaching, la visualisation créatrice et les techniques de pensée positive. Émile Coué illustrait ses postulats de base par des textes du philosophe Blaise Pascal.

Aujourd'hui, les techniques de pensée positive sont largement développées dans tous les processus de conduite à la réussite, et en voici un modèle adapté au travail sur l'intuition.

Les phrases positives répétées sous forme d'affirmations agissent comme des antidotes qui dissolvent l'influence énergétique des formulations négatives. Ce procédé permet alors d'intensifier notre capacité intuitive, que l'on repère plus facilement. Attention, il ne s'agit pas simplement d'écrire puis de répéter ces phrases pour qu'elles prennent place dans notre monde psychique. Elles ont besoin de devenir « vivantes », dynamisées par l'intensité de notre conviction, de nos engagements envers nous-mêmes et de notre conscience au moment où nous les répétons. Si l'exercice est purement mécanique, il est sans effet ; si nous répétons ces phrases car nous y croyons, elles se manifesteront sur le plan vibratoire. Nous devons mobiliser une intention particulière pour obtenir les résultats que nous souhaitons.

N'oublions pas que nos mécanismes inconscients sont si élaborés et si complexes qu'une stratégie et quelques règles sont à suivre scrupuleusement pour parvenir à un changement profond et durable. Ces phrases positives, que j'appelle aussi « clés de vie », peuvent avoir un impact extraordinaire dans notre vie. Elles agissent au sens propre comme des clés qui ouvrent des portes, jusque-là fermées et derrière lesquelles se trouvent des perspectives insoupçonnées, des rêves mis de côté, la manifestation de nos désirs profonds…

Nous pouvons avancer dans l'existence avec un trousseau de clés bien fourni, c'est-à-dire avec de multiples affirmations positives. Pour optimiser de façon appréciable les résultats d'une technique de pensée positive, je vous invite à suivre le protocole ci-après.

Principes de base pour intégrer des affirmations positives…

- Une affirmation positive doit être formulée au présent afin de stimuler en vous toutes les énergies nécessaires à sa réalisation. La phrase a besoin de temps pour prendre place dans votre structure mentale. Elle passera par votre inconscient, c'est dans ce creuset que sommeille un grand potentiel. Cette clé de vie représente un objectif à réaliser. C'est un message que vous envoyez à votre inconscient pour qu'il se crée et se manifeste dans votre réalité matérielle. Utilisez donc le présent afin de stimuler toutes les énergies nécessaires à sa bonne réalisation.

- Formulez une clé que vous pensez ou sentez pouvoir se réaliser afin de la charger de foi et de conviction. En effet, nous réussissons plus facilement ce que nous savons pouvoir réussir. Si nous nous plaçons au niveau d'un rêve inaccessible, nous ne serons pas convaincus par la clé.

- Utilisez « je » afin de vous impliquer pleinement.

- Soyez précis dans l'élaboration de la phrase : chaque mot est important et porteur d'une intention ou d'une action particulière. Privilégiez les phrases courtes et significatives.

- Attendez-vous à voir se produire les modifications souhaitées dans votre vie, vous créerez ainsi un espace intérieur pour recevoir la concrétisation.
- Chaque clé de vie a son action dans votre vie, aussi est-il préférable de travailler cette technique d'une manière progressive en observant, au fur et à mesure, les résultats produits. Chaque clé est une demande adressée à votre intériorité, des étapes sont donc à respecter.
- Vérifiez que vous êtes disposé à créer les changements que vous envisagez.
- Chaque jour, agissez dans le sens de votre clé de vie. Vous devez être cohérent sur le plan des pensées et des actions que vous mettez en place. N'hésitez pas à revoir vos intentions si en chemin vous vous rendez compte qu'elles sont démesurées et irréalisables.

APPRENEZ À CRÉER VOS CLÉS DE VIE

Lisez tranquillement les cinq étapes, puis appliquez le protocole quand vous le désirez.

Étape n° 1

Écrivez des phrases positives en ayant conscience que vous créez une clé qui amorce et annonce des changements dans votre vie. Faites une liste en vous demandant ce que vous voulez réellement dans la vie ; pour cela, aidez-vous de votre intuition.

Voici quelques affirmations :

— Je me réalise dans mon originalité et je suis créatif ;

— J'ai le poste de responsable avec une augmentation de salaire de 100 euros par mois ;

— J'accueille l'homme de ma vie et je suis dans l'amour au quotidien ;

— Je retrouve la santé physique, chaque jour davantage ;

— Je m'exprime facilement et je suis de plus en plus à l'aise en public ;

— Je suis en sécurité et mes affaires prospèrent ;

— J'aime mon corps chaque jour davantage ;

— Je suis de plus en plus intuitif et réceptif à mes dons ;

— Ma société est reconnue dans toute la France...

Étape n° 2

Choisissez l'une des phrases que vous avez formulées afin d'en faire votre clé de vie. Celle-ci sera à activer en premier jusqu'à sa pleine concrétisation dans votre réalité. Évaluez le temps nécessaire, en restant réaliste.

Pour cela, fermez les yeux, relaxez-vous et imaginez cette clé réalisée. Grâce à vos sens, explorez les situations, votre état personnel, vos attitudes, votre comportement et tous les changements que cette clé peut susciter... Utilisez votre imagination afin de vous projeter dans le futur, puis écrivez sur votre feuille l'« histoire » en détail comme si elle était déjà réalisée. Vous pouvez aussi la raconter à une personne proche, car la partager à haute voix intensifie le résultat.

Étape n° 3

Dégagez les qualités et les ressources que la concrétisation de votre projet amène dans votre identité. Par exemple : « En m'exprimant facilement, j'augmente ma confiance, mon audace… »

Étape n° 4

Décidez maintenant des actions que vous allez entreprendre pour atteindre votre but. Ce passage à l'acte est essentiel pour un résultat probant. Il vous indique si vous êtes en accord avec vous-même et vraiment engagé. Vous passez d'une idée virtuelle à sa manifestation concrète, ce qui confirme et renforce votre décision de changement. Bien sûr, vous passez à l'action à la date de votre choix. Grâce à cela, vous retrouvez et canalisez votre pouvoir créateur. Si votre projet est à long terme, il faut envisager une suite d'actions et d'efforts au quotidien pour progressivement atteindre votre objectif.

Étape n° 5

Pénétrez-vous de cet accord entre vous-même et cette affirmation positive. Vous pouvez la renforcer et la « magnétiser » par un dessin, un mandala, un collage ou une sculpture qui la représente symboliquement. Écrivez-la régulièrement, méditez sur elle, énoncez-la avant de vous endormir, visualisez tous les changements qu'elle occasionne dans votre vie…

Maintenez toujours à l'esprit que vous devez garder un rapport équilibré avec vos objectifs. Sachez lâcher du lest de temps à autre, la vibration se chargera du reste. Ne laissez jamais rien vous envahir au point de devenir une obsession.

Vous vous appropriez ainsi une croyance nouvelle qui ne manquera pas de porter ses fruits. L'étape n° 5 nourrit votre espace intérieur. Pensez, de temps en temps, à vous remercier, car la gratitude est un nectar dans la création...

Quelle nouvelle décision prenez-vous dès maintenant? Formulez-la clairement. Quelle action désirez-vous mettre en place afin d'ancrer votre nouvelle décision? Quand le ferez-vous? Notez la date sur votre agenda et engagez-vous à la réaliser concrètement.

Chaque fois que vous en ressentez le besoin ou le désir, utilisez cet exercice, car il canalise votre énergie vers votre objectif ou votre rêve. Vous vous donnez ainsi toutes les chances de devenir de plus en plus créateur de votre vie. Ce travail de reprogrammation mentale positive agit très efficacement sur le développement de votre intuition, car il vous aligne à tous les possibles. Votre vision de l'existence s'en trouve élargie.

Veillez à travailler avec un objectif à la fois. Dissociez clairement vos objectifs à court terme de ceux à long terme...

Si, après une durée raisonnable, aucune modification n'est intervenue dans votre vie, interrogez votre intuition sur la nature de votre clé en tant qu'objectif. Est-elle bien appropriée à ce moment de votre vie? Ne devez-vous pas modifier votre objectif? Êtes-vous vraiment prêt à l'obtenir? Êtes-vous assez motivé? N'y a-t-il pas une étape intermédiaire à respecter? Qu'est-ce qui peut bloquer la concrétisation de votre désir? De quelles qualités ou de quelles ressources avez-vous besoin pour obtenir le résultat que vous souhaitez? Avez-vous évalué le temps de réalisation avec justesse?

N'hésitez pas à affiner votre formulation afin de lui donner le dynamisme nécessaire. Gardez confiance et dites-vous que vous apprenez à vous connaître, à utiliser votre énergie créatrice, et que cela peut prendre du temps. C'est dans l'expérience que vous grandissez et acquérez un savoir-faire et un « savoir-devenir ». À vous de jouer et d'y prendre du plaisir : ce travail doit être opéré dans un climat de détente et procurer une vraie sensation de bien-être.

Vous ouvrir à tous les possibles

Nos limites sont celles que nous nous imposons à nous-mêmes. Comme nous y croyons, elles se manifestent dans notre réalité. En revanche, une attitude intérieure positive et constructive transmute un problème, un blocage… Vous devez mobiliser votre énergie dans ce qui peut se produire maintenant. Partez de l'idée que les situations et les personnes que vous rencontrez ont une raison d'être. Gardez à l'esprit que tout cela a un sens, sollicitez autant que possible votre intuition pour être guidé dans la compréhension de ce qui se passe pour vous.

4.

Augmenter la confiance en soi

La confiance est un état d'être qui prend racine très tôt dans l'enfance. La manière dont nos parents ou nos tuteurs se sont comportés avec nous est fondamentale. Dans la situation idéale, la confiance en soi s'inscrit si nos parents nous ont accueillis et respectés dans nos besoins, si, plus tard, ils ont cru en nous et nous ont confié des tâches dans une bonne évaluation de nos possibilités, activant ainsi notre capacité de penser et de savoir. Le rôle du père a pu accentuer ce processus s'il nous a donné la permission de réussir en nous transmettant les règles de l'action. Ayant reçu cette éducation idéale, nous pouvons une fois devenus adultes nous protéger en repérant nos limites. Nous savons assumer l'éventuel échec sans nous laisser dévaloriser ou anéantir par celui-ci. Au contraire, nous savons rebondir et faire autrement.

La confiance en soi consiste à se fier à soi et à en éprouver de la fierté, ce qui caractérise une bonne estime de soi[1]. À tout moment, nous pouvons rehausser notre confiance intérieure car elle est liée à l'action. Elle se forge dans la réalité et dans l'expérience. Elle nous permet, une fois adultes, de nous rencontrer pour que nous posions sur nous-mêmes un regard bienveillant et encourageant. En suivant les pistes proposées ci-après, vous pourrez l'accroître de manière significative.

Activer les fondations de l'intuition

Travaillez quotidiennement sur l'exercice vous permettant de contacter votre intuition (page 108) afin d'apprendre à vous fier de plus en plus à vous-même. Pour vous aider à vous familiariser avec le fonctionnement de votre intuition, il est important d'en faire l'expérience chaque jour. Vous créez ainsi l'espace intérieur propice à la venue de nouvelles informations. Chaque décision peut être prise en conscience, et surtout à partir de vous-même et de ce qui est juste et bon pour vous. Remarquez comment vous vous sentez lorsque vous suivez une intuition et que le résultat est tout à fait bénéfique. Comment est-ce pour vous lorsque vous êtes dans le courant de la vie et que tout se passe au

1. Voir « André CHRISTOPHE et François LELORD » dans la bibliographie à la fin de l'ouvrage.

mieux? Vous vous sentirez alors de plus en plus confiant et encouragé à poursuivre votre travail sur l'intuition.

Reconnaître chaque petite victoire

Apprenez à reconnaître et à apprécier chaque réussite que vous pouvez vivre au quotidien. Félicitez-vous en l'exprimant à vous-même : « Bravo Martine... C'est bien... Continue sur cette voie... »

Prenez votre carnet de travail pour y inscrire vos réussites ou expériences de dépassement de vous-même. À la fin de chacune d'elles, écrivez puis complétez : « Lors de cette expérience, j'ai développé telle qualité... » Par exemple, si l'une de vos entreprises a été laborieuse, vous avez peut-être développé votre persévérance ou votre courage...

Ici, vous faites ressortir l'acquis en le mettant en évidence. Cela vous habituera à trouver du sens à tout ce qui vous arrive et à vous encourager à persévérer dans cette conscience et cette observation.

Accepter les échecs éventuels

Acceptez les échecs éventuels, sans vous dévaloriser mais au contraire en tirant profit de cette expérience : écrivez pour vous-même la leçon que vous en retirez et la manière de modifier les choses la prochaine fois que vous rencontrerez telle situation. C'est ainsi que vous apprendrez à rebondir et à tourner le négatif en positif. Vous pouvez ainsi réajuster votre action, ou la façon de mettre en œuvre les choses. Rebondissez sur cet insuccès apparent et vous trouverez le chemin de la réussite. Posez-vous également les questions suivantes en contactant votre intuition, cela vous fera progresser intérieurement…

Relaxez-vous, faites la préparation au mode intuitif et, ainsi centré, demandez-vous :

- Qu'ai-je à apprendre à mon sujet grâce à cet échec?
- Que signifie-t-il pour moi?
- Qu'ai-je à modifier dans ma façon de penser, dans mon comportement?
- Quel peut être le côté positif, le « bénéfice » que je reçois malgré tout?

Pour optimiser cette application, cultivez la pensée que toute situation est porteuse d'un enseignement. Ce que nous qualifions d'échec peut être une réussite inconsciente ou nous ouvrir une porte à laquelle nous n'avions pas songé ! Il est fort probable qu'une situation négative soit la réponse à quelque chose qui se passe en nous sur un certain plan, elle est donc la meilleure chose à vivre. Cela peut sembler difficile à concevoir au début, pourtant cette façon de penser offre de réelles perspectives de changement.

Seule notre manière d'aborder et de gérer les événements les rend négatifs ou positifs. Tout dépend du point de vue que l'on adopte.

Savoir être encouragé

Demandez à une personne sûre de jouer le rôle de coach ou d'accompagnateur pour vous encourager lorsque vous manquez d'entrain et que vous faiblissez face aux démarches à effectuer. Même l'adulte a besoin d'un soutien qui le stimule dans ses actions. Confiez donc cette tâche à une personne que vous appréciez particulièrement et en qui vous avez confiance, qui saura être là lorsque vous en aurez besoin. Quand vous élaborez un projet, faites-le par étapes. Pour cela, explorez les thèmes ci-après. Par exemple, vérifiez la cohérence de celui-ci. S'inscrit-il dans la lignée de votre vie? Fait-il partie de votre domaine de compétences? Pensez-vous sincèrement réunir les capacités et les qualités pour que votre projet se concrétise? Avez-vous la foi et la force nécessaires pour le nourrir de toute votre énergie? Croyez-vous en vous? Êtes-vous prêt à assumer tous les changements qui ne vont pas manquer de se produire?

Bien sûr, ne brûlez aucune étape, montez pierre par pierre votre construction personnelle. Mieux vaut prendre le temps d'assurer les fondations pour que tout ne s'écroule pas en cours de route.

Se donner la permission de réussir

La permission de réussir est un apprentissage qui s'intègre dans notre enfance grâce à l'attitude de notre père dans des moments en apparence banals. Par exemple, lorsqu'il nous montre comment réparer notre bicyclette, gagner à un jeu vidéo, construire quelque chose… et qu'il nous dit : « C'est bien ; tu vois, ça marche ! » ou encore « C'est déjà bien ce que tu as fait ; la prochaine fois tu y arriveras, tu verras ! »

En principe, notre père nous enseigne les règles de l'action pour réussir, telle est sa « mission » envers son enfant. Il nous apprend à réussir et, le cas échéant, à rebondir après un échec !

En revanche, si notre père est absent, débordé par ses activités ou très critique à notre égard, nous avons du mal à intégrer cette permission. Nous risquons de vivre des échecs dont nous avons du mal à nous relever ou nous ne terminons pas les choses… Dans ce cas, nous avons à nous donner cette permission en tant qu'adultes. Comment cela? En développant notre masculin intérieur pour trouver notre puissance personnelle. La pratique d'activités physiques peut nous y aider, tout comme faire appel à un coach dont le rôle est de nous faire gagner… Il est aussi possible d'utiliser la visualisation : vous vous imaginez entreprendre et réussir un projet, jusqu'à ce que vous ressentiez dans votre corps une véritable force. Celle-ci doit être perceptible dans votre ventre et au niveau de l'estomac…

Vous pouvez aussi créer l'image symbolique d'un « bon père intérieur » qui vous encourage ; cela peut vous aider dans le processus de prise de confiance et de passage à l'acte. Ainsi vous pourrez suivre votre intuition en toute confiance, parce que vous saurez aussi être dans l'action.

Revivre un moment de confiance

Souvenez-vous d'un moment dans votre vie où vous ressentiez de la confiance en vous. Revivez les résultats bénéfiques qui en ont découlé. Prenez quelques instants pour visualiser la scène et goûtez de nouveau à l'ambiance de cet état, que vous avez mémorisé intérieurement. Souvenez-vous que notre système psychique a tendance à reproduire ce qui s'est déjà déroulé. Cela agit à la manière d'une disquette qui contient la programmation de la confiance ; c'est comme si vous appuyiez sur la touche « repeat ».

Imprégnez-vous bien de votre expérience passée, comme si elle se déroulait en ce moment même, puis imaginez transposer cet état, ces perceptions et ces sensations dans votre nouveau projet d'aujourd'hui. Vous déplacez l'énergie dont vous avez besoin, pour la réactualiser.

Trouver un modèle de confiance

Je vous suggère de modéliser une personne qui, selon vous, possède cette confiance que vous aimeriez augmenter chez vous. S'il s'agit d'une personne de votre entourage, soit vous pouvez la fréquenter davantage pour baigner dans son énergie, soit vous pouvez lui demander comment elle s'y prend pour réussir ses actions.

Ce modèle peut être également un personnage public, écrivain, acteur, politicien, président d'association… Comme, dans ce cas, il y a des chances pour que vous ne le connaissiez pas personnellement, faites une visualisation qui, symboliquement, participera au transfert d'énergie.

LA MODÉLISATION

- Faites tout d'abord la préparation au mode intuitif.
- Dans votre espace intérieur, « appelez » le personnage ou votre ami par son nom et demandez-lui de venir vous rendre visite. Imaginez-le arriver et voyez-le s'installer en face de vous…
- En le regardant, entrez intérieurement en contact avec la qualité de confiance que vous lui reconnaissez et que vous aimeriez recevoir de sa part… Par exemple, visualisez-le en train de vous donner la main… Lors de ce contact, l'énergie de confiance est transférée vers vous… Celle-ci vous remplit, déposant le nectar nécessaire à la croissance de cette qualité en vous…
- Voyez et ressentez votre corps absorber cette énergie et stimuler en vous la confiance comme une graine qui devient une belle fleur…

Optimiser son passé professionnel

Chaque expérience professionnelle est donc une richesse vécue, que notre parcours ait été facile ou semé d'embûches. Comme nous l'avons vu précédemment, ce n'est pas la réalité qui est négative mais plutôt la perception que nous avons d'elle. La conscience que nous avons des faits amplifie de manière significative la confiance en nous, et tout naturellement notre intuition aussi. Nous devons donc mettre en évidence tout notre potentiel. En ce sens, explorez la stratégie suivante.

L'ARBRE AUX RESSOURCES

Le processus se déroule en deux phases, il est conçu pour vous aider à identifier vos acquis afin de mieux les actualiser.

Phase n° 1

Dessinez un arbre dans lequel vous placez autant de cercles que vous avez eu de postes dans votre vie, puis ajoutez un cercle supplémentaire que vous remplirez à la fin de l'exercice. Le premier cercle se situe dans le tronc près des racines et représente votre premier travail rémunéré, le deuxième est au-dessus et représente votre deuxième emploi, et ainsi de suite. Sur chacun d'eux, nommez votre emploi. L'arbre nous représente, symboliquement, avec ses racines enfoncées dans la terre, ses branches et son feuillage en pleine lumière.

Phase n° 2

De chacune de vos expériences professionnelles, dégagez une ou plusieurs ressources développées et notez-les dans le cercle correspondant. Par exemple, si à un moment donné vous avez été réceptionniste dans un cabinet médical, vous deviez prendre les rendez-vous pour plusieurs médecins, accueillir les patients... Vous avez alors pu cultiver durant cette période la patience, l'écoute, l'organisation, l'amabilité, la ponctualité... Vous avez pu comprendre ce que signifie exercer un métier de service.

Recentrez-vous quelques instants et fermez les yeux en respirant lentement et amplement... Votre esprit se calme, vous êtes en contact avec votre monde intérieur.

Imaginez et visualisez votre premier travail. Retrouvez des situations significatives, qu'elles aient été agréables ou douloureuses... Voyez les personnes impliquées, les scènes importantes, le lieu.

Demandez à votre intuition de révéler la ou les qualités que vous avez développées lors de cette période. Prenez votre temps. Quel enseignement tirez-vous de cette expérience ? Prenez conscience de ce que vous avez acquis et laissez émerger la réponse...

Ouvrez les yeux et notez les informations.

Suivez ce procédé pour chaque cercle. Le dernier sera intitulé « Moi maintenant » et vous y inscrirez toutes les ressources cultivées au travers de votre expérience professionnelle. Imprégnez-vous alors de toutes ces qualités et ressentez-les jusque dans votre corps. Vous activerez ainsi leur énergie magnétique sur le plan professionnel.

Avec la conscience de la richesse de votre réalité intérieure, décidez d'agir.

Peut-être est-ce pour vous le moment de redéfinir un projet professionnel, de prendre une nouvelle orientation, d'actualiser un rêve ou, au contraire, de réaffirmer votre engagement professionnel actuel ?

Donnez la véritable dimension à votre être et changez ce qui doit l'être. Demandez-vous ce que vous voulez vraiment exprimer dans votre vie professionnelle. Donnez-vous un objectif porteur de sens. Utilisez votre intuition avec constance, notez chaque indication que vous recevez. Vous provoquerez de véritables coups de chance !

Maintenir le contact quand tout est embrouillé

Lorsque nous mettons en place un projet ou que nous cherchons à résoudre un problème, nous faisons appel à toutes nos capacités. Généralement, notre esprit logique et rationnel prend le pas sur nos facultés intuitives parce que cela nous rassure. Ainsi que nous l'avons vu précédemment, notre intelligence rationnelle a des limites d'action, et c'est là que l'intuition peut naturellement prendre le relais. Dans ce cas, il s'ensuit un état de bien-être dans lequel nous avons l'impression que les informations coulent et que tout est fluide. Nous sommes alors en connexion avec notre moi supérieur, qui accède à une connaissance extraordinaire.

À d'autres moments, cette connexion ne se produit pas, nous nous estimons alors très loin de notre intuition. Nous nous sentons confus ou tendus, et avons l'impression de tourner en rond. Nous ne savons plus quoi faire. Nous pouvons dire que, dans ce cas, nous sommes trop sollicités par notre mental rationnel dominant qui se trouve dans une impasse. Notre vision s'obscurcit, en quelque sorte, et cela occasionne tensions, peur de ne pas y arriver…

Si vous vous reconnaissez dans les lignes qui précèdent, c'est que peut-être il y a un conflit au niveau de vos motivations profondes ou de vos émotions que votre volonté seule ne peut résoudre. Quand tout est bloqué, il ne sert à rien de s'acharner à trouver le passage. Cet état où tout est embrouillé vous montre que vous êtes à un point où il vous faut reconsidérer les choses. Ne cherchez plus de cette manière, ce n'est pas la bonne. Voyez cela plutôt comme un signe.

Pour transformer votre état intérieur et retrouver un lien avec votre intuition, prenez du recul et lâchez prise. Comment cela? Pendant quelques minutes, dissociez-vous de votre tâche, bougez, changez de pièce. Vous pouvez faire un petit tour et, mentalement, effacer tout ce qui est « emberlificoté », comme un tableau qui redevient noir. Allez respirer de façon consciente. Votre action consiste à retrouver l'harmonie et un certain bien-être intérieur. Vous pouvez aussi vous rappeler d'une situation particulièrement positive. Reliez-vous à l'état interne qui y était associé, car vous avez cette mémoire jusque dans vos sensations. Vous vous mettez ainsi dans une dynamique qui crée en vous l'opportunité pour que les choses redeviennent fluides.

L'intuition est alors magnétiquement attirée par votre énergie. Soyez à l'écoute de tout ce qui parvient à votre conscience immédiatement après ce changement d'état. Il peut y avoir des messages et des indications précieuses quant à la marche à suivre. En retrouvant la fluidité, vous accédez aux synchronicités et vous pouvez repérer les signes de l'existence.

Être zen

C'est un clin d'œil à l'état du zen japonais, naturellement. Ici, je lui donne un sens populaire plus courant. Par « être zen », j'entends l'opportunité de créer en soi un état de paix intérieure par la relaxation ou la méditation. Il s'agit d'une plongée intérieure d'où l'agitation, l'avidité et la souffrance sont absentes. La démarche consiste à apprendre à arrêter le bavardage mental et son lot de perceptions afin de lâcher toutes les distractions éventuelles. « Être zen », cela signifie « entrer en conscience », reconnaître en soi la zone de perfection et de lumière. C'est de cette vacuité pleine de prédispositions que jaillit l'intuition pénétrante.

Un conseil: faites tous les exercices liés à la confiance en soi au moins une fois car ils sont conçus pour agir sur les différents plans de votre personnalité. Cela vous plongera dans une dynamique positive qui renforcera votre base identitaire et vous permettra d'agir selon vos aspirations. Et votre intuition deviendra votre meilleure alliée pour prendre toutes vos décisions.

Au fil de votre pratique, vous rehausserez votre estime personnelle, ce qui rejaillira sur la valeur que vous vous reconnaissez. Vous acquerrez par ailleurs davantage de sécurité intérieure et d'assurance. Vos capacités intuitives augmenteront naturellement car vous apprendrez à vous fier à votre ressenti, à votre vérité profonde, tout en étant réceptif à l'avis d'autrui.

5.

Jouer à exercer toutes ses capacités psychiques : des exercices à faire au quotidien

Pour vous entraîner à aller à l'intérieur de vous, à vous relier à votre intuition et à lui demander des messages, voici une série d'exercices à effectuer de manière ludique afin de ne pas vous mettre une pression de résultat à tout prix. Au préalable, faites naturellement la visualisation d'éveil à l'intuition (voir page 95) ou la courte relaxation décrite dans l'encadré ci-après pour faciliter le contact intuitif.

Ce jeu intuitif vous habitue de manière originale à être réceptif à ce qui vous vient spontanément. Vous pourrez ainsi intégrer davantage le processus intuitif dans votre vie quotidienne, parce qu'il peut arriver que vous en ayez besoin rapidement, sans disposer du temps de faire votre préparation personnelle. Parcourez les différentes expériences à effectuer et choisissez de réaliser en premier celle qui vous semble le plus simple. Naturellement, vous pouvez aussi inventer des jeux et les partager avec vos proches.

Préparation rapide au vide mental

Installez-vous confortablement dans un endroit calme, les pieds à plat sur le sol, les jambes et les bras décroisés. Fermez les yeux et respirez consciemment... Faites la respiration de la vague... À chaque inspiration, imaginez remplir votre corps d'air pur et clair, et à chaque expiration voyez le stress, vos pensées négatives, vos doutes quitter votre corps avec le souffle. Sentez-vous régénéré. Demandez à contacter votre intuition, puis visualisez un écran mental blanc. Concentrez-vous sur celui-ci. Vous êtes relaxé et détendu, prêt à recevoir des informations. Pratiquez cette préparation avant chacun des exercices suivants.

LES CARTES POSTALES

Choisissez dix cartes postales de formes et de couleurs variées parmi celles qui vous ont été envoyées ces derniers temps, ou achetez-en qui représentent des lieux ou des personnages. Glissez chaque carte dans une enveloppe. Mélangez les enveloppes, puis disposez-les devant vous. Prenez un crayon et une feuille blanche.

- Faites la préparation au vide mental ou la visualisation d'éveil à l'intuition. Les yeux fermés, prenez une enveloppe et demandez à votre intuition de faire apparaître l'image de la carte postale.
- Ouvrez les yeux et notez ce qui vient à votre conscience. Décrivez les choses comme cela vous parvient. Laissez-vous aller, s'il s'agit d'une carte postale envoyée par l'un de vos proches, à demander à « voir » l'expéditeur. Notez son nom ou toute autre perception qui pourrait le caractériser et le décrire.
- Faites l'exercice avec deux ou trois cartes dans un premier temps, puis vérifiez l'information reçue en ouvrant les enveloppes. Notez les résultats, cela vous permettra de constater votre progression au fur et à mesure de votre entraînement.

Attention, vos résultats dépendent de votre état personnel et du moment de la journée où vous faites l'exercice. Repérez les conditions les plus favorables pour pratiquer l'expérience.

DÉCOUVREZ VOTRE COURRIER

- Avant d'aller chercher votre courrier, demandez-vous combien il y aura de lettres, de cartes postales, de grandes ou de petites enveloppes, de prospectus...
- Avant de lire vos lettres, tenez chaque enveloppe entre vos mains et tentez d'en deviner le contenu. Centrez-vous, posez des questions simples à votre intuition et laissez émerger les réponses.

Attention, pour ne pas faire intervenir votre logique et votre côté rationnel, ne réfléchissez pas mentalement en raisonnant, mais posez des questions en demandant à votre intuition d'y répondre.

QUI EST AU BOUT DU FIL ?

Il vous est sûrement arrivé de savoir qui vous appelait avant de décrocher le téléphone, et de dire : « C'est drôle, je savais que c'était toi ! » Ce sont de brèves connexions intuitives que vous pouvez développer en vous exerçant.

- Lorsque votre téléphone sonne, déclenchez dans votre esprit la demande : « Qui m'appelle ? » Un nom ou l'image d'une personne peuvent alors apparaître pour vous donner des indications.
- Il se peut que, lors de cet exercice, vous fassiez de la télépathie, car la personne qui vous appelle pense à vous en vous téléphonant. Il est donc possible que vous receviez l'information de cette personne directement.

Si cela vous semble difficile au début, posez des questions simples : « Est-ce un appel pour moi ou non ? », « Est-ce un homme ou une femme ? », « Est-ce un proche ou une personne inconnue ? », « Est-ce personnel ou professionnel ? ». Ces questions vous permettront de vous faire vivre l'expérience étape par étape.

LES OBJETS VOUS PARLENT

Les objets sont magnétiquement chargés par leur environnement. Pourquoi ne seraient-ils pas aussi les réceptacles d'une mémoire affective et historique ? Parfois, nous disons que tel bibelot dégage une sensation presque perceptible. Nous éprouvons de l'attirance pour celui-ci, de la répulsion pour celui-là. Ils sont témoins du passé et absorbent les émanations de nos champs énergétiques.

- Demandez à une connaissance de vous confier des objets anciens ou singuliers dont vous ne connaissez rien. Faites l'exercice d'éveil à l'intuition ou celui de la préparation au vide mental dans une pièce calme.

- Fermez les yeux, puis approchez lentement vos mains de l'objet, en amenant toute votre concentration dans celles-ci. N'essayez pas d'intellectualiser, laissez simplement vos mains devenir des capteurs. Elles sont intuitives.
- Notez intérieurement vos perceptions, puis demandez-vous ce que cela évoque pour vous et passez au plan visuel, en demandant à capter une vision contenue dans l'objet. Laissez venir et décrivez tout ce que vous voyez, sans censurer aucune information.
- Ensuite, demandez à la personne qui vous a apporté l'objet tous les renseignements qu'elle a en sa possession. Certains détails ont pu être mis en évidence par votre intuition, il sera intéressant de le vérifier.

6.

Utiliser les rêves pour stimuler l'intuition

Lorsque nous rêvons, nous entrons dans un monde parallèle où tout semble extrêmement réel. En analysant un rêve, nous y découvrons une multitude d'informations nous concernant. Généralement, nous nous souvenons plus aisément de nos rêves lorsque notre sommeil est léger ; c'est le sommeil paradoxal. En revanche, après la phase de sommeil profond, où il est difficile de se réveiller, il est moins aisé de se remémorer ses rêves.

Les phases du sommeil et le rêve

Le sommeil et le rêve nous plongent dans un état modifié de conscience où celle-ci accepte tous les contenus, tous les scénarios. Elle n'est plus soumise à notre raison ni à notre perception habituelle du temps et de l'espace, et ne subit plus la censure de notre inconscient. Les rêves sont un terrain d'exploration immense pour apprendre à se connaître, à travailler sur soi et à éveiller ses capacités psychiques. D'ailleurs, certaines civilisations les utilisent couramment comme outils de connaissance : aborigènes d'Australie, chamans, Amérindiens…

Nous vivons aussi cet état de conscience dans d'autres temps que celui du rêve : relaxation, méditation, transe, lecture intuitive (que vous expérimenterez dans la troisième partie), créativité, expérience extrême, hypnose… Toutes ces expériences nous plongent dans cet état non ordinaire de conscience qui facilite l'accès à la connaissance intuitive et globale de notre existence, et permet de résoudre problématiques et conflits intérieurs. Dans cet état de conscience, le bavardage mental cesse, on perçoit différemment le temps, l'espace, le corps et le moi ; détente et régénération physique sont au rendez-vous, accompagnées d'un sentiment d'allégresse.

Dans notre société, nous ne nous attardons que peu sur nos rêves, à moins qu'ils ne soient très clairs ou prémonitoires à l'évidence. Il peut pourtant être intéressant d'envisager que les rêves se produisent pour nous donner une information qui nous manquait ou pour nous apporter un éclairage nouveau. Nous avons la possibilité d'agir sur nos rêves dans certaines phases du sommeil, et nous pouvons influer sur leur contenu lorsque nous prenons l'habitude de respecter notre besoin de sommeil. Si vous désirez approfondir ces techniques, consultez un spécialiste ou lisez des ouvrages spécifiques[1].

Voici les principales phases du sommeil :

- la première phase, nommée « alpha », dure environ 20 minutes et a lieu une première fois après l'endormissement et une seconde fois avant le réveil. Nous pouvons nous sentir légèrement conscients.

C'est ici que notre volonté peut intervenir sur le rêve que nous avons effectué ;

- dans la deuxième phase, « thêta », le sommeil peut être entrecoupé, mais nous avons conscience d'avoir dormi et nous nous souvenons de nos rêves ;
- la troisième phase, « delta », dure environ 30 minutes. Le sommeil y est plutôt profond, et l'on y rêve rarement ;
- la quatrième phase est celle du sommeil profond ;
- la cinquième phase est celle du sommeil paradoxal, qui est reconnu comme étant le moment du rêve. Le

1. Voir la bibliographie de fin d'ouvrage.

dormeur peut aussi parfois être conscient pour agir sur son rêve.

Notez votre rêve au réveil, car il a tendance à disparaître de votre mémoire dans les minutes qui suivent. Le soir, vous pouvez vous conditionner avant de vous endormir pour recevoir un message intuitif pendant votre sommeil. Formulez votre demande avec une grande force de conviction afin de mobiliser votre subconscient et votre intuition.

Pour affirmer davantage votre intention, vous pouvez aussi écrire votre question et la déposer sur la table de nuit. Le lendemain matin, juste après le réveil, repassez dans votre tête le rêve avant qu'il ne s'évanouisse et prenez des notes.

Voici un exemple de trame d'un rêve révélateur :

- le début du rêve expose l'enjeu de votre problématique ; c'est la représentation du sujet ;
- le milieu du rêve vous donne des clés pour le résoudre. Ici, vous pouvez intervenir et modifier le déroulement du rêve ;
- la fin du rêve montre ce qui va se passer si vous ne changez rien à votre attitude. Elle indique le dénouement et vous en apprend beaucoup sur vous-même.

Exercez-vous à donner du sens à vos rêves et à les analyser à l'aide de votre cerveau droit, l'analogique, le symbolique, l'imaginatif.

Apprenez à agir au sein du rêve : travaillez l'autoprogrammation

Nous avons parfois conscience que nous sommes en train de rêver. C'est à ce stade qu'il est possible d'influencer la résolution de difficultés, de conflits, de blocages… Le rêve devient alors un film dans lequel nous sommes des acteurs « conscients ». Certains rêves importants sont récurrents, ils détiennent des éléments extrêmement révélateurs de nous-mêmes. Un rêve peut aussi reprendre là où il s'était arrêté auparavant.

Pour favoriser cette lucidité, entraînez-vous à être conscient de l'état dans lequel vous vous trouvez. Dans vos occupations quotidiennes à l'état de veille, dites-vous que vous ne rêvez pas et soyez convaincu… Quand vous méditez ou que vous vous relaxez, dites-vous que vous êtes dans un état modifié de conscience et repérez toutes les perceptions corporelles qui caractérisent cet état.

La programmation des rêves est une technique, modernisée, d'une pratique ancienne nommée « incubation onirique ». Elle avait surtout un but thérapeutique et religieux dans la Grèce antique et l'Égypte ancienne. L'incubation onirique était un processus par lequel un rêve révélait la solution d'un problème, souvent d'ordre médical. À cette époque, les rêves étaient considérés comme des prémonitions et des prophéties par lesquelles les dieux s'adressaient aux humains.

La version contemporaine d'analyse des rêves fut inventée par le fondateur de la psychanalyse, Sigmund Freud, qui l'institua comme étant la « voie royale vers l'inconscient ». Selon lui, le rêve a une fonction essentiellement psychique de régulateur et d'équilibre. Les désirs refoulés, les pulsions inavouées, les interdits vécus dans la journée peuvent prendre forme pendant les rêves.

Le psychiatre Carl Gustav Jung, quant à lui, associa le rêve à une expression de la spiritualité. Il exposa la fonction de l'âme dans ce processus. Dans le livre *Ma vie**, il écrit : « Le rêve est une porte étroite, dissimulée dans ce que l'âme a de plus obscur et de plus intime. »

UN RÊVE PRÉMONITOIRE

Voici un témoignage personnel. Lorsqu'un rêve prémonitoire se manifeste à moi, il présente une énergie de vérité indiscutable, et se vérifie à plus ou moins long terme.

Dans un de ces rêves, la scène fut brève. Je recevais un courrier, c'était une magnifique enveloppe blanche, carrée, ornée de fleurs de tulle et de satin blanc. Je l'ouvris… À l'intérieur, il y avait un contrat pour la publication de mon roman. Le nom de l'éditeur apparut, J.-C. Gawsewitch ! J'étais très heureuse de cette nouvelle. Au réveil, je fus surprise car je savais que cet éditeur n'était pas du tout enthousiasmé par mon roman, qu'il ne trouvait pas publiable. Cependant, je venais de lui présenter une deuxième version réécrite selon ses conseils. À cette période, j'étais donc en attente d'une réponse, et mon rêve ressemblait à un message d'espoir.

Quelques semaines plus tard, j'obtins un rendez-vous avec M. Gawsewitch, qui ne m'avait toujours pas donné de réponse. Lors de cette entrevue, il m'annonça qu'il me publiait et qu'il était absolument convaincu de la réussite de mon projet. J'étais surprise de sa décision: il avait complètement changé d'avis sur mon travail.

Je remercie mon rêve de m'avoir prévenue, j'ai ainsi pu attendre sereinement mon contrat et aujourd'hui ce roman a été aussi disponible aux éditions France-Loisirs !

Troisième partie

La « lecture intuitive » au quotidien

1.

La communication intuitive

Après avoir pratiqué les exercices de ce livre, beaucoup de personnes remarquent que leur intuition est devenue plus présente dans leur vie. Peut-être constatez-vous déjà qu'il vous vient des pensées, des sentiments ou des images qui sont en rapport direct avec ce que vous vivez ou avec des détails du quotidien… et que ce message est une aide précieuse pour l'instant.

Une femme m'a raconté qu'elle venait de mettre sous enveloppe un contrat qu'elle avait signé et qu'elle devait envoyer. Cependant, la lettre en main, quelque chose l'empêchait de la poster, elle percevait en elle une résistance lui signalant qu'il y avait un problème. Son impression était très physique. Elle se remémora les termes du contrat, tout semblait pourtant correct. Elle décida alors d'ouvrir l'enveloppe pour en vérifier les termes avec précision, et elle s'aperçut effectivement qu'une des clauses lui avait échappé, clause qui pouvait la léser… Elle demanda aussitôt un nouveau contrat, que cette fois elle put valider.

Une autre anecdote m'a été relatée par une amie qui travaille depuis quelque temps à développer son intuition. Alors qu'ils arrivaient devant leur hôtel, en Italie, son mari demanda à ce que leurs bagages soient amenés à la réception. Mon amie pensa « Non, non, il ne faut pas faire cela ». Surprise par cette idée, elle la partagea avec son époux, qui la trouva bien sûr saugrenue. Ils se présentèrent donc avec leurs bagages à la réception, où il leur fut annoncé qu'ils devaient se rendre dans un autre hôtel…

En portant attention à ce qui se passe en nous, il devient plus évident d'avoir conscience des messages simples qui se manifestent au quotidien. C'est alors que l'intuition nous devient familière.

La lecture intuitive, ou lecture psychique

- *La « lecture » est le procédé par lequel s'exercent nos talents intuitifs de manière consciente. Il s'agit d'une traduction et d'une interprétation verbale d'informations reçues par nos canaux de perception…*
- *La lecture intuitive utilise notre intelligence universelle pour apporter un nouvel éclairage sur un point précis.*

C'est une vision élargie de l'existence, qui ne subit pas les limites de l'intelligence rationnelle.

- *N'oublions jamais que la lecture est le fruit de notre perception et de notre interprétation, il faut donc se garder de la considérer comme une vérité absolue. Nous devons y veiller, surtout lorsque nous faisons une lecture pour autrui.*

La lecture est une suite libre de pensées ou d'idées, qui fonctionne à la manière d'un processus de déduction. Cet apprentissage nécessite une rigueur de pratique et d'expérimentation. Comme pour l'expression de tout talent, elle requiert du temps, de l'attention et de la persévérance dans son exercice.

En développant notre intuition, nous pouvons lire la nature d'une situation ou d'un problème, l'état d'une personne et de son énergie, accéder au passé, au présent, au futur ou encore à la mémoire d'un lieu… Le champ d'application est immense et touche des couches variées de la réalité. Il est reconnu que nous utilisons à peine dix pour cent de nos capacités cérébrales, mais l'évolution des mentalités et l'éveil des consciences favorisent ce travail de développement de l'intuition de manière individuelle.

Si vous décidez de développer votre pratique de la lecture intuitive, ayez bien conscience des dérives possibles. Le travail sur l'intuition peut vous amener à rencontrer certaines parties inconnues de vous-même. Vivre l'expression de ces facultés peut fasciner et éblouir, aussi nous faut-il faire un véritable cheminement intérieur et travailler sur le pouvoir potentiel que procure l'intuition. Quels que soient les résultats que nous obtenons, il est primordial de garder les pieds sur terre et le sens de la réalité. Nous devons en outre rester humbles et ne pas nous prendre au sérieux. C'est la raison pour laquelle vous trouvez ces techniques spécifiques en dernière partie seulement de l'ouvrage.

L'intuition doit prendre place dans notre identité d'une manière écologique ; pour cela, il nous faut savoir exactement comment l'utiliser. C'est ainsi qu'elle pourra s'intégrer au mieux en nous et révéler toute sa richesse. L'intelligence logique et rationnelle et l'intelligence intuitive ont besoin de collaborer pour favoriser la cohérence de notre être et pour nous conduire à un processus de maturation.

La lecture intuitive, ou psychique[1], est une opportunité qui nous permet d'entrer dans un courant d'évolution. Elle est une manière non ordinaire de rassembler des informations pour comprendre une personne, une situation, et pour prendre des décisions justes pour soi et pour les autres. Au cours de la lecture, nous recevons des messages nous concernant. Si nous pratiquons la lecture intuitive sur une personne, les messages sont pour elle. C'est comme si nous pouvions lire l'autre à livre ouvert.

Ce procédé est vraiment singulier, aussi il convient d'en user avec beaucoup de discernement, sans volonté de nuire

---

1. Voir « Judee GLEE, Pierre LASSALLE et Sylvain BELLANGER » dans la bibliographie à la fin de l'ouvrage.

ou de dominer, mais au contraire avec amour, pour aider l'autre de façon désintéressée. Vous verrez un peu plus loin dans quelle mesure nous sommes habilités à faire ce travail.

> *Nous devons rester humbles afin de ne pas nous laisser séduire par l'admiration que la maîtrise de l'intuition peut susciter. En effet, les personnes à qui nous faisons une « lecture » peuvent nous trouver extraordinaires et confondre notre intuition avec de la médiumnité. Il nous faut donc être clairs avec notre « pouvoir » et notre besoin de reconnaissance pour ne pas en profiter et éviter d'exercer une domination sur quiconque.*

Voici quelques clarifications au sujet de la lecture intuitive, ou psychique, qui vous permettront de cultiver et d'intégrer votre talent de manière éthique…

- Ce processus se réfère à l'hémisphère droit du cerveau et au principe féminin de la personne.
- La lecture réunit un ensemble de messages et d'informations qui nous sont transmis. Elle va au-delà des apparences et permet de conscientiser ce qui est caché, flou ou obscur. Elle agit comme un révélateur.
- Nous devons aussi veiller à clarifier nos intentions sur ce qui motive notre volonté de proposer une lecture à autrui. En ce sens, il faut garder à l'esprit qu'une lecture se pratique pour aider autrui à avoir un éclairage sur lui-même ou une situation. Il nous faut absolument suivre tous les protocoles afin d'en respecter le but.

- Pour pratiquer la « lecture », nous devons nous positionner au niveau de notre cœur. Il s'agit du centre où nous avons la conscience de l'amour juste et inconditionnel. Cet endroit, symbolique et réel à la fois, est source de l'énergie dans laquelle notre ego ou notre personnalité négative se dissolvent. En exerçant notre intuition, nous avons besoin de savoir où nous nous centrons dans notre être.

- Quel que soit notre degré d'évolution, il nous faut continuer notre travail personnel. Nous devons accentuer la connaissance de nous-mêmes pour éviter de projeter sur autrui notre propre réalité. Tout au moins, il nous faut savoir reconnaître lorsque cela se produit.

- La projection est le déplacement sur l'autre de ce qui, en réalité, est en nous. En effet, nous voyons chez l'autre des traits de caractère qui en fait nous appartiennent. Lorsque nous les méconnaissons ou les nions, l'autre devient notre miroir en nous les révélant. Nous faisons quotidiennement des projections, mais nous devons veiller à les limiter lorsque nous exerçons notre intuition.

- Collaborer avec son intuition, c'est aussi manier de l'énergie. Nous devons rester vigilants sur ce que nous faisons et sur nos motivations profondes. N'oublions pas que l'intention avec laquelle nous agissons génère une énergie qui, tôt ou tard, nous revient sous la même forme…

- Veillons à équilibrer la nature des informations que nous recevons entre la polarité négative et la polarité positive. Rappelons-nous que, dans ce que nous percevons de négatif ou de problématique, il y a toujours un élément positif à dégager. Pour cela, il nous faudra apprendre à poser les bonnes questions. Notre manière d'être peut orienter la lecture, ce qu'il faut absolument éviter. Nous devons garder comme objectif d'aider avec bienveillance et en toute neutralité.

- Une lecture correcte doit se contenter d'éclairer la personne en lui proposant des actions concrètes qu'elle peut réaliser pour ancrer ses changements. *In fine*, c'est toujours à elle-même de changer ce qu'elle souhaite dans sa vie, si elle le souhaite.

- Il nous faut être très clairs avec notre besoin de reconnaissance et nos systèmes de dépendance pour effectuer un travail éthique.

- Ce talent peut s'exercer sur nous-mêmes, sur nos amis, sur les membres de notre famille. Nous pouvons proposer une lecture en tant qu'expérience, mais il est nécessaire que la personne ait une question claire à formuler. N'essayez jamais de « jouer » au thérapeute. Une lecture est un simple éclairage, un conseil. Seuls les thérapeutes sont habilités à trouver la manière d'exploiter ce processus pour faire avancer ceux qu'ils accompagnent. Plusieurs applications sont possibles.

J'ai fréquemment proposé et pratiqué la lecture intuitive lors de moments-clés dans la thérapie de mes patients, tout comme auprès de personnes qui me consultaient pour faire un bilan de vie ou pour avoir réponse à une question. La lecture devient alors un catalyseur de révélation dans leur processus personnel.

Comment utiliser concrètement l'intuition et obtenir des réponses ?

Nous avons vu plus haut le moyen de canaliser l'intuition. La visualisation d'éveil à l'intuition (voir page 95) est la préparation de base qui est l'indispensable préalable à un travail actif sur l'intuition. En expérimentant cet exercice, vous avez très certainement commencé à obtenir des réponses et des messages vous concernant. Pour vous familiariser avec ce processus, voici maintenant le protocole de la lecture intuitive. Il est toujours le même, quels que soient le thème ou le sujet traité. Vous verrez dans cette partie du livre plusieurs applications possibles.

Vous allez pouvoir expérimenter six types de lecture pour lesquels le protocole est identique. Vous devez vous entraîner pour, peu à peu, maîtriser la technique, puisque l'intelligence intuitive s'enrichit grâce à une application constante. Veillez à demeurer dans la conscience de ce que vous faites.

Pour faire une lecture à une personne, vous devez avoir suffisamment pratiqué sur vous-même pour que se soit développée votre sensibilité intuitive. Il convient en outre de suivre des règles de communication essentielles…

- Parlez en « je », car vous devez vous impliquer dans ce que vous partagez avec l'autre. Cela évite de projeter sur lui vos informations. Vous réduisez ainsi le risque de lui asséner votre vérité, qui l'empêcherait d'utiliser sa liberté. Dites : « Je vois… », « Je ressens que… », « J'ai l'impression que… »

- Cultivez la diplomatie, car les mots peuvent avoir un impact important. Choisissez donc judicieusement votre langage pour qu'il soit compréhensible par autrui, pour aider ce dernier dans son évolution sans le blesser.

- Précisez que votre lecture n'est qu'une vision des choses, cela permet à l'autre de se l'approprier si elle résonne comme faisant sens pour lui : l'un des critères de justesse et de cohérence est manifesté par le ressenti de celui qui reçoit la lecture. Il doit ressentir tout au long du processus un accord avec ce qui est dit. C'est comme s'il se sentait « reconnu » dans une part de lui-même. Les mots doivent couler en lui, le rassembler, l'éclairer… La lecture est porteuse de joie, d'options et d'espoirs…

- Soyez neutre, gommez tout jugement ou critique de votre esprit, car cet état est contraire à l'expression intuitive.

En revanche, cultivez la bienveillance, l'empathie et l'ouverture d'esprit.

- Étant donné le champ d'application extrêmement intime de la lecture intuitive, celle-ci présente un caractère de confidentialité. Toutes les informations appartiennent au receveur, nous avons donc à observer une grande discrétion.
- La lecture se fait yeux fermés afin que « le lecteur » soit centré sur son monde intérieur et axé sur le processus de transmission d'informations.
- Au début, il est possible que vous ayez l'impression de fabriquer les informations ou qu'il s'agisse d'autosuggestion. Cela est normal dans un premier temps, car vous devez vous habituer à ce processus intuitif singulier. La seule chose à faire alors est de poursuivre l'expérience.

La première lecture que je vous propose consiste à effectuer un bilan. Il s'agit d'un état des lieux global. Ce travail s'effectue sur soi-même (cela s'appelle une « autolecture ») ou sur autrui ; le processus est le même dans les deux cas. Avant de pratiquer sur autrui, vous devez vous exercer sur vous-même et développer une certaine maîtrise de votre intuition. Durant une lecture, vous recevrez des images et des symboles, dont l'interprétation se fait sur trois niveaux :

– l'image symbolique donne le contenu ;

- la structure de l'image ou de la scène révèle la problématique possible ;
- le sens de l'image révèle son orientation, sa finalité et son intention.

LECTURE SUR AUTRUI : BILAN PERSONNEL

Protocole

Réalisez la visualisation d'éveil à l'intuition (voir page 95). Il s'agit de la préparation initiale, pour laquelle vous prendrez au minimum 5 minutes.

Depuis l'espace du cœur, imaginez et ressentez une connexion qui vous fait prendre conscience de la présence de la personne assise juste en face de vous. Voyez-la avec votre regard intérieur. Demandez à votre intuition de laisser apparaître sur votre écran intérieur la perception symbolique d'un paysage qui représente la vie, le bilan actuel de la personne. Envoyez ce message à votre être intérieur. Attendez. Dès qu'une image se présente, commencez à la décrire à haute voix. Utilisez tous vos sens, cela permet de planter le décor. Soyez précis, observez les détails. Le symbole du paysage contient les quatre éléments, et c'est un support assez simple à décoder ; il vous permet de traduire l'ambiance globale.

Repérez les aspects positifs et équilibrés de ce que vous percevez dans ce paysage et ceux qui, au contraire, vous semblent problématiques. Explorez les forces et les faiblesses de l'image. Demandez à votre intuition de vous donner le sens de ces descriptions. Trouvez les significations, interprétez les informations en faisant des passerelles avec la vie concrète de la personne.

Depuis le plan symbolique, établissez du sens sur le plan séculaire-réel. C'est au lecteur de donner l'interprétation initiale, en se référant toujours à l'intuition. Osez interpréter intuitivement pendant la lecture. Chaque symbole est chargé de sens qui ne demande qu'à être extirpé.

À partir du point faible, déclinez une problématique possible, puis demandez les options, des clés pour transformer ce point… Écoutez… Partagez.

Finissez toujours la lecture par un thème constructif. La personne doit s'aligner à ses nouvelles possibilités. Tout est mouvement, tout change en permanence, chacun doit avoir accès à son propre pouvoir créateur. Lorsque la lecture se clôture, vous sentez que vous avez épuisé le contenu de l'image initiale. Elle pourra alors s'intégrer dans le monde intérieur de la personne.

Fermez les yeux et visualisez de nouveau la personne assise en face de vous. Déconnectez-vous d'elle de la façon qui vous semblera le plus efficace, par exemple à la manière d'une antenne qui se replie, se rétracte. Effectuez quelques cycles de respiration en imaginant reprendre le chemin du retour, puis ouvrez les yeux. Ce passage vous permet de retrouver la densité et votre présence ordinaire dans votre corps.

En conclusion, demandez à la personne qu'elle vous raconte la façon dont elle a perçu les informations transmises, ce qui lui a parlé le plus, ce qui lui a parlé le moins. Que pense-t-elle de vos interprétations ? Demandez-lui d'évaluer de 0 à 10 leur pertinence. Avec quel point positif repart-elle ? Quelle éventuelle prise de conscience a-t-elle eue ?

Ce partage de fin de séance est important, car la critique constructive vous permettra d'améliorer votre pratique. Vous pouvez en tirer des leçons et affiner ainsi vos expériences intuitives. Écoutez donc bien les commentaires que l'on vous fait. Pour vous montrer le déroulement de ce processus, voici un exemple de lecture.

Lecture faite sur Monica

Description du paysage

Je vois un pommier dans un pré bien vert traversé d'une petite rivière. Sur la droite de l'arbre, il y a une pente rocheuse qui descend sur plusieurs mètres, et devant lui se dresse un large sapin qui, selon l'heure de la journée, lui fait de l'ombre. L'arbre est chargé de fruits prêts à être cueillis…

Interprétation intuitive: qu'est-ce que cela signifie dans la vie de Monica?

Monica a mûri un projet qu'elle porte en elle depuis un moment (arbre fruitier). Il arrive à son aboutissement. Elle est généreuse et rend certainement souvent des services (pommes). Sa base est saine (herbe bien verte) et elle sait sûrement ce qui est bon pour elle, même si elle ne se le donne pas toujours. Elle vit dans un milieu plutôt prospère… Elle est dotée d'une réceptivité qui coule (rivière) et possède beaucoup de qualités féminines.

Quels sont les points faibles?

Le sapin qui la cache est probablement un compagnon doté d'une forte personnalité ; il a quelque chose d'immuable en lui (sapin toujours vert), et Monica se cache derrière lui… Autre point, la pente rocailleuse à sa droite représente le manque possible du père, qui devait être absent ou disparu (symboliquement, la droite est associée au futur et au père, alors que la gauche est associée au passé et à la mère)... Dans l'univers de Monica, cela a encore une conséquence car cette empreinte est là.

Quels sont les besoins, les options pour transformer les points négatifs ?

Monica devrait travailler sur l'énergie du masculin. Dans un premier temps, il serait bon qu'elle intègre en elle une image positive de père, par exemple par la visualisation. Cela va lui faire ressentir sa puissance intérieure, ce qui petit à petit comblera le manque de son vrai père. Elle a besoin d'oser faire les choses, de se montrer et de prendre sa place. Il serait judicieux qu'elle ne se réfugie pas toujours derrière quelqu'un. Bouger physiquement lui serait profitable pour cultiver son endurance, et donc son énergie masculine (le sport, la danse africaine...). Elle a un bon projet, qui peut réussir (belles pommes) si elle accepte de faire ce pourquoi elle est faite. Le moment venu, elle peut avoir des opportunités...

Commentaire résumé de Monica

Monica s'est reconnue dans cette description ; elle avait besoin d'entendre une lecture pour confirmer ce qu'elle ressentait. Elle partagea le fait que son père était plutôt critique et coléreux ; rien n'était jamais bien fait selon lui. Monica était peu sûre d'elle et avait toujours peur d'échouer. Elle avait effectivement choisi un époux ayant du charisme et une certaine position sociale, mais, depuis quelque temps, elle voulait « faire quelque chose de sa vie » et sortir de l'ombre de son époux. Elle avait bien élaboré un projet qui pouvait tout à fait être commercialisé.

Quelque temps après cette lecture, Monica changea et prit réellement sa vie en main.

Savoir poser les bonnes questions

Le secret de la réussite de toute lecture sur autrui ou sur nous-mêmes réside dans notre aptitude à savoir poser les bonnes questions à notre intuition. Ce sont elles qui font cheminer l'information jusqu'à sa complète révélation. Les questions sont des clés qui ouvrent sur la vérité que nous percevons dans l'instant. Dans le processus de la lecture, elles agissent comme une demande envoyée à notre « sagesse » et à l'intelligence énergétique de la personne.

Dès que l'on se place en face de l'autre pour le « lire », il se produit un échange d'énergie subtile chargée d'information. Chacun d'entre nous est constitué de vibrations, qui sont un véritable réservoir de mémoires. L'intuition emprunte la voie de la relation et de la connexion. Elle s'appuie sur le principe suivant : tout est lié.

Lors d'une séance de lecture, faites des demandes claires. Les réponses ne peuvent qu'émerger en retour, comme attirées magnétiquement. Toute question appelle sa réponse, car l'une ne peut exister sans l'autre, et dans l'une réside l'autre. Vos interrogations créent un dialogue direct avec votre intuition, qui devient le référent de base. Pour vous aider, voici un éventail de questions que vous pouvez employer lors d'une lecture.

Questions concernant une problématique

- Que signifie tel symbole? (consultez un dictionnaire des symboles)
- Quelle problématique cache-t-il?
- Quel message contient-il pour la personne?
- Que doit-elle comprendre?
- Que doit-elle transformer pour atteindre l'équilibre dans sa vie?
- Qu'a-t-elle à lâcher ou, au contraire, quelle ressource doit-elle développer?
- D'où vient la problématique?
- Quel comportement a-t-elle généré?
- Quelle nouvelle décision la personne doit-elle prendre?
- Quel travail personnel doit-elle effectuer?
- Qu'est-ce que cela signifie concrètement pour la vie de la personne?
- De quels éléments extérieurs a-t-elle besoin pour transformer le problème?
- Sur quelle ressource intérieure peut-elle s'appuyer pour modifier les choses?
- Quelles actions sont à effectuer pour l'aider?

- Quelles sont les options possibles?
- Quels résultats peut-elle obtenir?

Par ces questions, vous établissez la communication entre votre source de connaissances et celle de la personne à qui vous faites la lecture.

L'échange d'énergie se produit sur plusieurs plans de l'être, de cerveau à cerveau, de cellule à cellule, d'inconscient à inconscient, d'aura à aura, de moi profond à moi profond.

La structure de votre question doit être simple et ouverte, pour vous permettre d'aller plus profondément dans l'exploration d'un thème que vous repérez dans la lecture. Cela signifie qu'il vous faut éviter un questionnement conduisant à l'alternative oui/non pour toute réponse. Cela bloque l'investigation, à moins que cette demande ne soit vraiment pertinente. Une question pouvant être orientée, il est préférable que vous soyez dans un état de neutralité lorsque vous collaborez avec l'intuition. Vous comprenez pourquoi toutes les questions tournent autour du sens des choses, des messages ou des enseignements…

S'ouvrir aux réponses

Cela semble évident, mais en réalité un véritable cheminement intérieur est nécessaire pour se mettre vraiment à l'écoute de son intuition.

Se poser en soi, dans une attitude de vacuité, permet de créer l'état de réceptivité propice au dialogue avec l'intuition. Notre disponibilité nous amène à entrer dans un état non ordinaire de conscience. Lorsque nous nous posons une question, habituellement notre cerveau cherche instantanément une réponse. Notre intelligence rationnelle, appelée aussi « mental », se met à l'œuvre pour satisfaire notre demande, or vous savez maintenant que ce n'est pas cette intelligence qui est sollicitée dans une lecture. Bien au contraire, celle-ci doit être au repos.

S'ouvrir réclame de ne pas être « pressé » pour obtenir une réponse. C'est plutôt laisser venir le sens des choses dans une attitude de lâcher-prise. Nous devons simplement devenir un canal, un passage pour recevoir des informations. Après avoir posé la question, il ne doit plus y avoir de volonté de notre part, mais une expectative neutre et accueillante. Cette disponibilité est le creuset du travail intuitif.

Vérifier que l'information est intuitive

L'intuition ne s'appuie pas sur la raison, certes, mais il est pourtant possible d'en vérifier la véracité. Comment cela? Au cours d'une lecture, lorsque vous recevez une image sur votre champ de conscience, balayez-la et voyez si elle revient de la même manière. Si tel est le cas, il s'agit bien d'une perception intuitive. Si, après avoir chassé l'image, c'est une autre qui se manifeste, alors votre mental ou votre imagination fabriquent des informations qui ne sont pas justes, qui surgissent donc de manières différentes. Elles ne « tiennent » pas dans votre intériorité. À ce moment-là, prenez quelques instants pour vous recentrer afin de vous connecter à votre cerveau droit et à vos capacités intuitives, puis mettez-vous à nouveau dans un processus de lecture.

Décoder les symboles

Pénétrer dans la signification d'un symbole, c'est entrer dans l'expression intuitive la plus élaborée. La lecture d'un symbole annonce une prise de conscience ou une révélation. Notre habileté à le décoder dépend de notre intérêt et de notre manière de lire habituellement les signes dans notre vie quotidienne. Chaque symbole recèle son sens bien particulier, qui doit être interprété par la personne qui en fait la lecture.

Pour cultiver ce décodage, nous pouvons déjà apprendre à observer les symboles tout autour de nous. La révélation se produit lorsque nous pénétrons le symbole au-delà de sa forme et captons l'idée qui est en train de s'exprimer. Il existe des dictionnaires de symboles que vous pouvez consulter pour enrichir la variété d'interprétation et la profondeur qu'ils recèlent, mais sachez que les symboles portent en eux le sens universel du savoir. Pour vous familiariser avec ce processus, développez votre aptitude à faire parler directement les symboles qui se manifestent à vous. Ils sont vivants dans notre mémoire humaine et dans notre inconscient collectif, chacun d'eux a sa raison d'être pour se révéler à notre esprit. Vous saisissez qu'il s'agit d'un art délicat, qui requiert du temps et de l'entraînement.

Les symboles sont donc des médiateurs entre les plans subtils et notre réalité quotidienne. Ils se décodent comme un véritable langage. Il nous faut nous préparer à y voir clair pour faire quelque chose de concret avec leurs révélations. Nous devons reconnaître que, grâce à l'intuition, ils deviennent compréhensibles et accessibles.

En définitive, la symbolisation cache sous les images des réalités autres que celles figurées initialement.

Nous devons avoir recours aux associations d'idées intuitives afin d'entrer dans le processus d'interprétation. C'est ainsi que nous donnons aux informations un maximum de résonance et de pertinence. Rappelons-nous que le symbolisme est un langage universel véhiculé par toutes les cultures. Grâce à quelques clés, nous pouvons apprendre à le manier.

Attitudes à adopter pour amplifier l'intuition

Voici quelques comportements à adopter, qui intensifient naturellement l'intuition.

- Abandonnez-vous à une curiosité saine qui stimule votre esprit et votre personnalité. L'intérêt pour l'existence et le désir d'enrichir votre perception de la vie sont des atouts intéressants.

- Adoptez une discipline de travail de centrage et de respiration (voir pages 91 à 98). Pour maîtriser la technique, vous devez la connaître totalement et l'avoir intégrée. La liberté réside dans l'appropriation de la structure. Ensuite seulement vous pourrez lâcher la structure.

- Effacez de votre esprit le jugement et la critique, car cela vous amène à vivre le sentiment de séparation. C'est contraire à l'intuition, comprenez-le bien.

- Pratiquez avec régularité les exercices de développement de l'intuition et émettez l'intention de la voir se manifester dans votre vie.

- Rehaussez l'estime de vous, la confiance et l'amour inconditionnel. Cultivez également le positivisme et apprenez à déceler les enseignements de chaque situation ou épreuve que vous vivez. Soyez ouvert aux signes et aux synchronicités qui jalonnent votre existence.

- Soyez le plus souvent possible conscient de vos pensées, de vos paroles et de vos actes, de ce qui se passe dans votre vie. Ayez conscience de la responsabilité qui vous incombe… Il s'agit de cultiver la lucidité et le discernement pour ne pas vous fier aux apparences.

Cela évite de projeter sur autrui votre propre réalité.

- Acceptez de ne pas tout savoir. Gardez toujours les pieds sur terre et développez l'humilité. Être de plus en plus intuitif peut conférer et accentuer votre pouvoir personnel ; il vous faut alors développer la simplicité et l'équilibre.
- Sachez vous ressourcer et prendre soin de vous sur tous les plans de votre existence. Ayez une hygiène de vie rigoureuse… Évitez tout excès nuisible à votre santé. Maintenez votre intégrité personnelle.
- Résolvez vos difficultés, ne laissez rien en suspens et, surtout, agissez en fonction de vos intuitions.
- Concentrez votre énergie pour décupler votre force de conviction afin de réaliser ce à quoi vous aspirez.

Que faire si l'intuition ne fonctionne pas ?

Vous ne voyez toujours rien venir et les choses vous tombent dessus, vous vous trompez sur les personnes et tout se complique, vous prenez la mauvaise décision…

Il arrive que, malgré votre pratique de la visualisation d'éveil à l'intuition ou de l'exercice de préparation au vide mental, vous puissiez encore avoir des difficultés à contacter votre intuition quand vous en avez besoin. Dans un premier temps, acceptez simplement ce fait, sans vous faire de reproche. Chaque personne avance sur la voie de l'intuition à son rythme. Peut-être avez-vous besoin simplement de plus de temps et d'entraînement. Commencez par l'utiliser pour de petites choses, de manière à installer en toute sécurité la confiance en vous. Dans ce cas, apprenez à relativiser les choses, ou à les voir sous un autre angle.

L'intuition est une partie de vous, aussi demandez-vous de quoi vous vous coupez vraiment. Que représente-t-elle pour vous? Si vous n'accédez pas à votre intuition, rappelez-vous que derrière chaque fait se trouve une intention positive. Donc, ne pas savoir vous permet d'obtenir quoi en retour? Interrogez-vous tranquillement, sans exiger une réponse immédiate. Surtout, ne vous mettez pas la pression. Parfois, les personnes dites « contrôlantes » rencontrent des difficultés dans le développement de leur intuition car elles ne veulent pas se laisser aller, évitent l'imprévu et cherchent à tout maîtriser dans leur vie. Elles peuvent avoir l'impression que, si elles laissent leur intuition les guider, elles perdent le pouvoir sur toute chose, aussi doivent-elles se demander: « Suis-je prête à entendre la vérité? » Si vous vous reconnaissez dans ce profil, il est possible qu'un véritable travail intérieur s'avère nécessaire pour accepter et incorporer cette partie intuitive en vous-même.

Si, après une longue pratique, vous vous sentez toujours coupé de votre intuition, il est possible que vous ayez un réel blocage personnel qui nécessite d'être accompagné ponctuellement par un professionnel de la relation d'aide. Généralement, c'est le plan émotionnel qui verrouille la fonction intuitive.

Dès que le problème est levé, vous retrouvez d'un coup vos capacités intuitives. Vous obtiendrez alors d'excellents résultats dans votre vie quotidienne et dans la pratique de la lecture intuitive.

2.

Comment régler les problèmes et libérer l'énergie créatrice

Pour travailler intuitivement sur un problème, nous devons tout d'abord nous pencher sur ce qu'est véritablement un problème, que nous pouvons aussi nommer « blocage », « obstacle » ou « difficulté » : il s'agit en fait d'une conjugaison de plusieurs facteurs, dont la structure est constituée d'une énergie cristallisée. C'est une projection de certaines facettes de nous-mêmes que nous n'acceptons pas et que nous critiquons. Elle contient nos croyances limitatives, ainsi que la mémorisation de certaines situations récurrentes, stockées dans notre inconscient.

Un problème existe toujours en écho à ce que nous sommes à l'intérieur de nous-mêmes, nos zones d'ombre**. Il s'alimente de nos peurs et de notre colère ; en ce sens, il est notre création. Lorsque nous nous identifions à lui, cela provoque de la souffrance. Un problème est un point de repère qui indique ce que l'on a à traiter et à soigner en soi.

Bien souvent, nous tentons d'aborder le problème avec notre conscience ordinaire et notre intelligence rationnelle ; notre regard ne balaye donc qu'une partie limitée de sa construction. L'intuition peut nous venir en aide pour véritablement traiter et dépasser un problème. Afin de faciliter ce processus, voici quelques points à garder en mémoire…

- Acceptez l'obstacle et assumez la responsabilité de la situation au lieu de la reporter sur autrui.

- N'émettez pas de jugement en qualifiant la situation ou vous-même de négatif. Il s'agit seulement d'une expérience qui requiert votre attention.

- Dédramatisez ce qui se passe en remettant le problème à sa juste place. En ce sens, apprenez à devenir maître de vos émotions, car peur et colère sont des énergies qui renforcent un problème et le maintiennent en activité.

- Voyez-le comme une opportunité de croissance. C'est votre point de vue qui le rend menaçant ou destructeur.

- Élargissez votre manière de le voir et de l'aborder. Les choses existent parce que vous croyez qu'elles existent, ce sont vos convictions profondes qui fondent votre réalité.

- Cessez d'éviter les problèmes lorsqu'ils font partie de votre champ d'expériences. Il s'agit là de systèmes de fuite qui empêchent d'évoluer, de grandir, et surtout de résoudre les choses.

- Activez votre conscience pour comprendre votre implication réelle dans tout ce qui vous arrive.

- Rappelez-vous que vous pouvez avoir une part de responsabilité dans les problèmes que vous rencontrez. En avoir conscience permet petit à petit de l'assumer. Cela conduit aussi à clarifier la part exacte qui vous incombe et celle qui revient à autrui. C'est ainsi que vous créerez intérieurement l'opportunité d'un véritable changement d'attitude.

« Lire » un problème

Faire d'un problème une opportunité d'évolution permet de récupérer toute l'énergie qui y est concentrée pour maintenir sa dynamique. Grâce au processus de conscience, nous le désamorçons en intégrant les leçons qu'il recèle. La lecture intuitive est une aide précieuse dans la résolution de celui-ci : n'oublions pas que le problème porte en lui le germe de la solution. Problème et solution sont comme les deux faces d'une même pièce. Cela fait partie des cohérences de l'existence. Nous sommes des systèmes auto-organisés, les situations que nous vivons également.

Pour pratiquer la lecture d'un problème, nous devons au préalable le formuler clairement, voire l'écrire si nous faisons la lecture sur nous-mêmes. En le précisant ainsi, nous concentrons son énergie, ce qui facilite le travail intuitif. Voyons ensemble le processus, qui est le même que vous fassiez une lecture pour autrui ou pour vous-même.

LECTURE INTUITIVE :
UN PROBLÈME SUR AUTRUI OU SUR VOUS-MÊME

- Faites la préparation personnelle de l'éveil à l'intuition et prenez 5 minutes pour vous installer dans votre mode intuitif, que vous avez pris le temps de pratiquer au moins une quinzaine de fois auparavant. Installez-vous dans votre cœur.
- Créez la connexion énergétique avec la personne assise en face de vous. Visualisez celle-ci dans votre espace intérieur.
- Formulez intérieurement le problème ou la question à explorer... Cela envoie à votre source de connaissance, à votre intuition. Vous créez une collaboration entre les différentes parts de votre système de compréhension des choses.
- Demandez à votre intuition de laisser apparaître sur votre champ de conscience une image symbolique qui représente le problème exposé. Prenez le temps, laissez l'image se poser en vous, c'est elle qui décrit la nature du problème.

- Détaillez l'image et les symboles que vous voyez, ressentez et entendez, et ce d'une manière globale. Fixez votre attention sur l'image, laissez venir une libre association d'idées intuitives.
- Donnez du sens à cet ensemble à l'aide de questions. Faites également des parallèles avec la vie concrète de la personne. D'où vient la problématique ? Si d'autres personnes de son entourage sont concernées par ce problème, qui sont-elles ? Quel sens a ce problème pour la personne ? Qu'a-t-elle à modifier en elle pour résoudre les choses ?

Vous pouvez terminer ici la lecture. Une fois que vous aurez acquis davantage de pratique, vous pourrez continuer l'exploration avec la suite du processus.

Pour continuer, lisez les détails, faites-les parler... Explorez les forces et les faiblesses, les croyances éventuelles qui s'en dégagent.

- Interprétez. Demandez à votre intuition ce que la personne a à apprendre de cette problématique. Qu'a-t-elle à modifier en elle ? Quelles décisions peut-elle prendre ? Quelles actions sont à réaliser ? Quels changements seraient favorables pour le dépassement de cet obstacle ?
- Quel bénéfice positif (inconscient) y réside ? Qu'est-ce que ce problème, malgré tout, donne de bon à la personne ?
- Quelles sont les options possibles ?
- Demandez, pour terminer la lecture, un dernier message, puis imaginez que vous détachez la connexion d'avec la personne et revenez dans votre propre espace. Prenez trois grandes inspirations et clôturez le protocole en prenant le chemin dans le sens inverse pour revenir dans l'ici et maintenant.

Faites le partage et écoutez le commentaire de la personne au sujet de votre lecture. Voici, en résumé, la lecture qu'a pratiquée Catherine pour Laurent. Le problème qu'il a exposé se retrouve dans cette formulation : « Quand je suis prêt à réussir dans un projet, c'est-à-dire à conclure, quelque chose fait qu'au dernier moment ça rate ! »

Catherine vit apparaître l'image symbolique d'une caravelle amarrée par de grosses cordes à un quai dans un port normand. Ses cales remplies de marchandises montraient que Laurent était prêt à accomplir sa mission. La caravelle ancienne, de bois précieux, révélait son authenticité, la simplicité et le naturel dont il faisait preuve. Le problème qui se lisait dans l'image se trouvait dans l'amarrage. Les grosses cordes empêchaient Laurent de partir… Une suite libre de pensées fit apparaître le fait qu'il était attaché à ses origines et qu'il avait du mal à couper des liens pour vivre sa propre vie. La réussite signifiait dépasser sa famille, mais il avait l'impression de l'abandonner… Il fut suggéré à Laurent de parler à sa famille pour briser les silences, les liens…

Laurent se reconnut dans cette lecture et décida d'agir en ce sens.

« Lire » l'énergie de l'animal intérieur

Cette lecture vise à explorer une facette de notre identité qui est complexe et constituée de deux polarités, positive et négative. Dans sa forme positive, l'énergie de l'« animal intérieur » nous dote de toutes les attributions que possèdent réellement les animaux qui peuplent notre planète. Mais, par ce processus, nous explorons également la partie la plus primaire ou instinctive de notre être. Cela désigne aussi la « nature inférieure » que nous portons en nous et que nous devons maîtriser. C'est un aspect généralement inconscient, plus ou moins refoulé et affilié à notre instinct. Naturellement, celui-ci est utile en cas de danger et il maintient notre processus de conservation. En revanche, lorsque nous ne maîtrisons pas notre « nature inférieure », nous générons agressivité, possessivité, esprit de conquête, domination... Cette énergie déclenche toutes sortes de passions, de peurs irraisonnées, voire de violences destructives. Elle est l'expression des désirs liés au monde matérialiste.

L'exercice proposé sur l'animal intérieur peut être révélateur de comportements et de faiblesses prisonniers de l'identité. La volonté de changement ne suffit pas à modifier l'énergie de notre nature inférieure. Seul un véritable cheminement dans une conscience en éveil apporte la métamorphose souhaitée. Bien souvent, nous qualifions de défauts ces aspects négatifs que nous n'aimons pas et qui pourtant résident au plus profond de nous.

La connaissance de soi doit donc nécessairement se prolonger par des actions concrètes afin d'intégrer le véritable changement. La lecture de l'animal intérieur permet d'explorer cette facette souvent méconnue de notre identité, et d'en retirer des bénéfices au quotidien.

LECTURE INTUITIVE :
L'ÉNERGIE DE L'ANIMAL INTÉRIEUR

- Faites votre préparation au mode intuitif... Installez-vous dans votre cœur.
- Visualisez la personne sur qui vous travaillez (ou vous-même) sur votre écran intérieur...
- Demandez à l'intuition de laisser apparaître la zone archaïque, la zone d'ombre de la personne ; laissez venir une image symbolique de cet endroit... Observez, puis demandez à voir, à ressentir ou à entendre quel animal y est présent (en tant qu'énergie instinctive).
- Décrivez très précisément cet animal. Son nom, son environnement, son comportement, ses actions, son état d'être, sa santé.
- Quelles sont ses forces et ses faiblesses ?
- Faites le lien ou le parallèle avec la personne que vous « lisez ». Qu'est-ce que cet animal reflète d'elle ?
- Quelle est l'influence de cette énergie animale sur les comportements et la personnalité de la personne ?
- De quoi la personne a-t-elle besoin pour bénéficier pleinement de l'énergie positive de son animal intérieur ? Quel est le message de l'animal pour la personne ? Écoutez...
- Qu'est-ce que cela peut créer comme transformation dans la vie de la personne ?
- Pour conclure, demandez à votre intuition s'il y a un dernier message à partager !

Voici quelques précisions qui vous permettront de faire un bon travail :

— l'animal intérieur doit être un animal réel, c'est-à-dire existant à notre époque actuelle. Il ne peut être ni mythique ni imaginaire ;

— la zone d'ombre (concept de Cari Gustav Jung) est une part de soi dans laquelle est contenu tout ce que nous ne voulons pas voir de nous-mêmes, nos souffrances mais aussi des talents ou des dons latents et non exploités, qui ont été refoulés à un moment donné de l'enfance.

- À la fin de la lecture, revenez dans votre espace, soyez centré et présent à vous-même. Ensuite, écoutez le commentaire de la personne que vous venez de « lire ».
- Si ce thème intéresse la personne, conseillez-lui de visualiser cet animal pour en tirer des bénéfices positifs. Elle peut se relier à toutes ses ressources, et celui-ci devient un animal totem, c'est-à-dire un lien entre le divin, l'homme et la nature. Elle peut alors s'approprier les énergies universelles, dans la conscience de faire partie de l'univers. Invitez-la ensuite à choisir et à décider d'une action à réaliser pour stimuler les énergies positives de son animal intérieur.

« Lire » l'enfant intérieur pour le guérir

Guérir l'enfant intérieur afin de révéler véritablement l'adulte d'aujourd'hui est une étape importante du processus de métamorphose. Notre vie est riche d'expériences depuis notre arrivée au monde, et certains événements douloureux de l'enfance nous ont marqués, voire blessés, profondément.

Une fois que nous sommes devenus adultes, des circonstances particulières peuvent réactiver cette mémoire inscrite dans l'enfant intérieur qui vit en nous et nous rendre insatisfaits, dépendants, indécis, incapables d'établir des relations épanouissantes ou sujets aux échecs. Cela signifie que nous sommes prisonniers d'un scénario qui se rejouera jusqu'à ce qu'il soit désamorcé. L'enfant intérieur est une partie active de nous, qui peut parfois submerger notre comportement. Ce sont les blessures, les décisions et les positions d'autrefois, les émotions douloureuses qui d'un coup se réveillent. Nous pouvons repérer cette présence lorsque nous ressentons, pensons ou nous comportons comme nous le faisions lorsque nous étions enfants. Il m'est fréquemment arrivé d'entendre des histoires de ce type : « Quand mon responsable m'a fait ce commentaire assez sévère sur le dossier que je lui avais remis, je me suis sentie en faute et je n'ai rien pu lui expliquer, je bafouillais… J'avais l'impression d'avoir 6 ans et je me suis comportée comme une gamine… En face de lui et de cette situation, j'ai complètement perdu pied… »

Dans ce genre de situation, le passé se superpose au présent et nous conduit à vivre des histoires répétitives. Cela se répète sans fin, jusqu'à ce que l'on modifie quelque chose en nous. Tant que le blocage n'est pas réglé, notre référence du passé domine, et se répète de manière mécanique. Aller à la découverte et à la rencontre de notre enfant intérieur nous permet de décoder notre fonctionnement émotionnel et nos motivations comportementales.

Le fait de comprendre nos réactions face à certaines situations nous donne l'opportunité de nous dissocier du programme pour faire autrement aujourd'hui. Nous nous appuyons ainsi sur notre pouvoir de choisir et de décider la vie qui nous correspond. L'enfant intérieur est le gardien de nos blessures, de nos attentes, de nos fidélités, de nos espoirs secrets. Ne pas oser dire non, avoir peur de déplaire, se sentir coupable ou abandonné, échouer ou réussir à moitié, imaginer qu'on ne mérite pas… Tout cela prend racine dans le « moi-enfant ».

Tout au long de ce livre j'ai abordé plusieurs facettes de l'identité pour vous donner l'opportunité de changements profonds. Voici un cheminement qui participe à cette guérison et au développement intérieur. Vous pouvez expérimenter ici la lecture de l'enfant intérieur pour vous-même ou sur autrui. L'intuition va vous aider à entrer dans une conscience plus réelle de certains événements afin d'accompagner une véritable libération et l'intégration des valeurs et des ressources de votre enfance. Naturellement, ce travail ne remplace en aucun cas une thérapie accompagnée lorsqu'elle est nécessaire.

LECTURE INTUITIVE : L'ENFANT INTÉRIEUR

Ce processus nécessite que vous vous fassiez formuler clairement un problème récurrent qui ne trouve pas de résolution, ou un comportement négatif à changer. Cette lecture intuitive vous amènera à voyager dans le passé de la personne, aussi vous faudra-t-il un repère d'exploration.

- Faites le protocole de préparation à la visualisation d'éveil à l'intuition (5 minutes).
- Établissez la connexion énergétique avec la personne assise face à vous, en l'imaginant se créer de cœur à cœur.
- Plongez ensuite votre conscience et votre regard intérieur au niveau de son ventre (c'est là que réside le siège émotionnel).
- Reformulez intérieurement le problème ou la question posée, imprégnez-vous-en. Demandez à votre intuition de laisser apparaître l'enfant intérieur de la personne sur votre champ de conscience intérieure. Attendez, regardez, ressentez, écoutez...
- Dès que l'enfant paraît, décrivez-le en l'accueillant... son âge, sa taille, son état d'être...
- Explorez ensuite les points suivants : Que fait-il ? Que se passe-t-il pour lui ? Qui est là près de lui et quel est le contexte ? Quel lien peut-il exister avec sa difficulté actuelle ? Quelle décision a-t-il prise ? Quelle croyance au sujet de lui-même a-t-il mémorisée ? Il en résulte quelle attitude ? Collaborez avec votre intuition afin d'explorer tous ces aspects.
- Demandez ce dont l'enfant a besoin pour guérir et lâcher la problématique. Établissez éventuellement un dialogue avec lui, en lui demandant quels sont les messages à transmettre à l'adulte d'aujourd'hui.

- Bouclez la lecture en revenant dans votre propre espace, totalement conscient de vous-même.
- Ensuite, entendez le commentaire de la personne en l'invitant à visualiser et à dialoguer elle-même avec une autre séquence de son histoire. Dans l'optique d'un changement réel, demandez à la personne quelle action elle est prête à mettre en place dans la réalité et à quel moment. Elle a besoin de s'engager envers elle-même pour accentuer sa guérison.

Je vous rappelle que la pratique de l'autolecture nécessite un niveau de centrage très élevé afin de sortir de la conscience ordinaire et des projections possibles.

Intuition et rencontre amoureuse

Bien souvent, l'intuition nous envoie un message avec une impression extraordinaire qui nous traverse le cœur : « C'est lui » ou « C'est elle ». Nous nous sentons généralement poussés vers une personne dans une énergie extrêmement stimulante pour nous. Certains écoutent leur intuition et se félicitent de l'avoir fait, d'autres font de la résistance…

Ce fut le cas de Camille, qui rencontra Pierre lors d'un week-end organisé par des amis communs en Normandie. Elle sentait intuitivement que c'était lui, mais elle s'en détourna. Un an plus tôt, elle avait mis fin à une relation qui durait depuis cinq ans avec un homme marié, de vingt-deux ans son aîné. Camille remarqua que ses histoires amoureuses avaient deux constantes : les hommes étaient beaucoup plus âgés qu'elle, et le plus souvent de confession juive. Durant cette année de réflexion, elle décida qu'elle voulait rencontrer un homme libre et de son âge…

Pierre avait seize ans de plus que Camille et il était de confession juive. Elle décida donc fermement de ne jamais l'appeler, bien qu'il fût libre et amoureux d'elle. Deux mois après cette première rencontre, un signe lui fut envoyé : alors qu'elle déjeunait chez son frère devant le journal télévisé, elle demanda à changer de chaîne pour regarder un reportage régional quand elle vit soudain Pierre apparaître à l'écran. Il était interviewé en tant que responsable d'une association d'insertion… Camille eut un coup au cœur ! Sa décision mentale explosa, elle décrocha le téléphone pour lui laisser un message sur son portable.

Cela fait sept ans qu'ils cheminent ensemble.

> *L'intuition a quelque chose de merveilleux en ce sens qu'elle est généralement insistante lorsqu'on est à une croisée du destin. Cela nous prouve combien nous pouvons véritablement nous fier à elle !*

Comprendre les relations et apprendre à dégager la problématique

Dès que nous entrons en relation avec autrui, une interaction se produit aux niveaux psychologique et énergétique. La relation peut-être le lien où sont activées nos blessures profondes comme la peur de l'abandon, de ne pas être aimé,… et qui occasionne beaucoup de souffrance. Mais elle peut aussi devenir un véritable creuset de transformation et d'évolution, pour peu que nous y placions notre conscience.

Malgré notre idéal de la relation à l'autre, malgré nos décisions mentales, notre société véhicule encore la relation dominant/dominé ou bourreau/victime, l'esprit de compétition… Ces schémas s'insinuent dans notre vie amoureuse, familiale, amicale et professionnelle. La lutte de pouvoir peut s'activer dès que nous sommes en lien avec autrui, et personne n'est à l'abri de ce jeu relationnel inscrit dans notre humanité. Nous devons donc veiller à la nature des échanges que nous établissons chaque jour.

Au niveau énergétique, nous sommes reliés par des fils de connexion invisibles et subtils qui révèlent ce qui se passe au niveau inconscient. Cet échange de vibrations et de messages se produit malgré nous. Parfois, nous pouvons nous en rendre compte lorsque nous nous sentons vidés ou au contraire dynamisés après une conversation.

Pour grandir intérieurement, nous pouvons tenter de comprendre notre implication personnelle dans les échanges et prendre conscience de ces échanges d'énergie. Pour cheminer vers l'authenticité, la bienveillance, le non-jugement, nous devons nous réajuster et nous centrer dans l'équilibre et dans la clairvoyance.

Afin d'intensifier cette lucidité dans nos attitudes et dans nos motivations, posons-nous les questions suivantes:

- Qu'est-ce que j'attends de cette personne?
- Qu'est-ce que je cherche à recevoir d'elle?
- Est-ce que j'aimerais qu'elle change? Que devrait-elle changer?
- Qu'est-ce que je lui reproche?
- Qu'est-ce que je n'aime pas chez elle?
- Qu'est-ce qui me blesse dans une relation?
- Suis-je dominant ou dominé?
- Suis-je vrai avec cette personne, ou ai-je peur de lui déplaire, qu'elle ne m'aime plus, qu'elle m'abandonne?
- Suis-je critique et jugeant? Si oui, quels sont mes critères et mes jugements?
- Quand je me sens blessé, quelle est ma réaction? Je contre-attaque, je ne dis rien, je m'offusque, je me justifie?
- Est-ce que je sais gérer un conflit ou une discussion pour établir un rapport gagnant/gagnant, c'est-à-dire où chacun maintient sa dignité, où personne n'a tort ni raison?
- Ai-je conscience de ce que l'autre me renvoie au sujet de moi-même?
- Au fond, suis-je capable d'accepter de faire un cheminement afin de désamorcer l'énergie du conflit?

Réfléchissez sur vos comportements et identifiez ceux qui sont porteurs de souffrances. La technique suivante de lecture des fils de connexion peut vous aider à passer d'un niveau énergétique à un niveau verbalisé et psychologique. Pour réaliser ce travail, présupposons l'existence d'une enveloppe énergétique, alimentée par la force vitale de notre corps et porteuse d'informations physiques et psychologiques.

« Tout est vibration et énergie », tel est le résumé extrêmement simplifié à retenir pour effectuer la lecture. Mettre des mots sur l'énergie interactive entre deux personnes déclenche le processus de conscience. Lorsque nous souhaitons clarifier une relation et la transformer, nous pouvons utiliser la lecture des fils. C'est l'échange d'énergie entre deux personnes qui va être lu intuitivement pour faire émerger le contenu des fils reliant ces deux personnes. Si vous repérez une problématique avec l'un de vos proches, expérimentez ce travail. Clarifiez la compréhension que vous avez du problème, puis faites l'autolecture.

Afin de mieux maîtriser ce procédé, je vous suggère de lire le processus de la lecture, puis l'exemple qui illustre ce travail. Cela facilitera votre manière d'aborder intuitivement la relation.

LECTURE : LES FILS DE CONNEXION

Lisez attentivement ce qui suit, et ensuite seulement appliquez la lecture.

- Effectuez le protocole de l'éveil à l'intuition (5 minutes).

- Depuis votre zone de centrage et de présence intuitive, demandez à votre intuition de laisser venir sur votre champ de conscience la personne avec laquelle vous désirez clarifier votre relation... Imaginez-la venir vers vous et s'installer juste devant vous.
- Accueillez-la, puis demandez à votre intuition de laisser apparaître entre vous deux les fils de connexion qui présentent un intérêt pour l'exploration.

Généralement, deux ou trois fils se présentent. Pour vous familiariser avec ce procédé, voici quelques indications qui vous éclaireront sur ce que vous pouvez contacter lors de la lecture. Il peut y avoir six sortes de fils, chacun ayant une fonction spécifique et se trouvant à un niveau :

– au niveau de la tête, au niveau frontal, le fil traduit le plan intellectuel, la vision de la vie, les systèmes de pensées...

– au niveau de la gorge, il s'agit de la communication verbale, de l'écoute, de la capacité de dire et d'oser...

– au niveau du cœur, c'est la relation à l'amour, à la profondeur d'âme ; c'est aussi la manière dont nous intégrons les expériences de la vie...

– au niveau de l'estomac ou du plexus solaire, cela représente la place que chacun prend, la relation au pouvoir ; c'est aussi l'estime de soi, les autorisations que nous nous accordons, l'énergie d'action ; cela traduit également les affaires...

– au niveau du ventre dans la zone de l'ombilic, le fil met en évidence les besoins, l'aspect affectif du lien ; c'est aussi le siège de l'émotionnel, de toutes les dépendances possibles...

– au niveau du pubis, le fil traduit l'attachement au côté matériel de la vie ; il est lié à l'implication et au besoin de sécurité. Au sein d'un couple, il indique le lien de la sexualité.

SUITE DE LA LECTURE

- Dès qu'un fil apparaît, demandez à votre intuition qu'il devienne symboliquement matériel pour donner une consistance plus évidente à décoder, puis faites le processus des suites libres de pensées. Accueillez tout ce qui vous vient à l'esprit.

Exemple de texture de fil : tendu comme du fer (cela montre une distance qui peut être de l'indifférence ou de la rigidité), fil barbelé (le rapport est blessant et emprisonnant), en corde (attachement et manque de liberté), fil électrique (montre la tension et la virulence des choses), en guirlande de fleurs (entente et appréciation), en ruban de satin (complémentarité et respect)...

Voyez devenir concret ce fil, puis demandez-vous ce que cela signifie pour la relation. Qu'est-ce qui se joue dans ce rapport-là ?

- Explorez les forces, les éléments positifs, ainsi que les faiblesses, les éléments négatifs. Que se passe-t-il ? Qu'est-ce que cela signifie pour vous-même ? Quels aspects de vous cela éclaire-t-il ? Faites intuitivement des parallèles entre ce que vous percevez et votre vie réelle. Quels messages sont contenus dans ce fil ?
- Posez-vous ensuite les questions suivantes : De quoi ai-je besoin pour transformer la relation ? Qu'ai-je besoin de lâcher, de développer, d'accepter ?
- Lorsque vous vous sentez prêt, imaginez trouver un système pour couper le fil problématique et le remplacer par un fil

d'énergie claire et continue. Soyez alors conscient du nouveau mode relationnel que vous aimeriez établir avec la personne. Naturellement, agissez dans ce sens avec elle dans votre quotidien pour faciliter le changement. À la suite de cette lecture ou à un moment que vous sentirez opportun, faites le « détachement ».

Effectuez ce processus avec chacun des deux ou trois fils qui se révèlent au cours de la lecture.

EXEMPLE DE LA LECTURE QU'A FAITE ÉMILIE SUR SA RELATION AVEC SON COMPAGNON ADRIEN.

Dans mon état de détente profonde, j'ai vu Adrien arriver et se placer devant moi... J'ai demandé à mon intuition de laisser apparaître les connexions à lire... J'ai attendu... J'ai vu apparaître au niveau de ma gorge le symbole d'un gant de boxe qui allait entre moi et Adrien... j'ai demandé le sens de cela... Il m'est venu que notre communication est extrêmement agressive et que, bien souvent, nous sommes en compétition. Chacun veut avoir raison... Je règle des comptes avec Adrien, mais en réalité ce n'est pas lui qui est visé... En fait, je veux qu'on me reconnaisse, qu'on me trouve intéressante, mais à la moindre remarque l'autre devient comme un ennemi à qui je dois prouver quelque chose... J'ai demandé alors : « De quoi ai-je besoin pour changer cela ? » La réponse fut : « Je dois exprimer à Adrien ce que je ressens, ce qui se passe en moi, je dois accepter de montrer ma vulnérabilité… Être plus vraie. Je dois lâcher les armes, et je verrai davantage Adrien tel qu'il est… » L'autre connexion problématique se situait au niveau de mon estomac… J'ai vu un bouclier et pas de fil… Je me protège, je me cache, j'ai peur d'être influencée, critiquée… Je ne me laisse pas toucher par Adrien parce que j'ai l'impression de ne pas avoir réellement ma place dans le couple… Je me sens impuissante… J'ai demandé quel était mon besoin… Il s'agit de développer ma confiance et de trouver ma force personnelle… J'ai besoin d'assumer ma place, de prendre des risques… Je dois cesser de me méfier de tous… et surtout d'Adrien… et je dois le plus souvent possible me sentir fière de moi.

J'ai ensuite demandé quels étaient mes points forts. J'ai du courage, une bonne volonté pour améliorer la relation… de l'amour pour Adrien… À la fin de la lecture, moi, j'ai tout nettoyé et vu à la place de beaux fils dorés.

Je me suis sentie portée par ce que j'ai vu et ressenti, j'avais une énergie pour changer les choses et poser des actes. J'ai compris davantage quel était le problème de la relation vue de mon côté à moi.

3.

Travailler sur les polarités

L'idée du masculin et du féminin, de plus en plus médiatisée, est devenue couramment acceptée. Que nous soyons homme ou femme, nous sommes mus par ces deux énergies, transmises par nos parents et toutes les personnes qui ont été des modèles à une époque de notre vie.

Notre identité est porteuse d'un masculin et d'un féminin intérieurs ; ces deux personnages symboliques nous confèrent des ressources et des capacités qui se développent ou non, suivant les circonstances de notre vie. Dans la rencontre amoureuse, nous tentons d'accomplir une complétude intérieure et extérieure. Nous portons donc initialement notre couple intérieur, cette énergie contribue à créer notre couple extérieur et réel. Aussi, quand il nous est difficile de mettre en place des relations épanouissantes, nous avons intérêt à « travailler » sur ce modèle intérieur.

Nous sommes généralement attirés par la personne qui nous fera le plus grandir ; il s'agit souvent d'une personne qui incarne une partie de nous-mêmes encore en germination. Nous sommes à la fois fascinés par une personne qui nous ressemble, mais bien plus encore par celle qui représente l'autre polarité de nous-mêmes. Par exemple, un introverti avec une extravertie ou une solitaire avec un actif extrêmement communicatif seront des couples en pleine mutation, car chacun cherche en l'autre ce qu'il a besoin de développer en lui-même. Si les différences sont trop accentuées, ces couples auront du mal à tenir dans le temps, pourtant ce sont eux qui font le plus progresser chacun des partenaires, car ils les conduisent à sortir de leurs zones de confort.

Pour mieux comprendre votre mode relationnel, je vous suggère de faire une lecture intuitive du masculin et du féminin intérieur. Cela vous éclairera sur la nature et la manière dont s'incarnent ces deux énergies.

LECTURE : LE FÉMININ ET LE MASCULIN INTÉRIEUR

- Effectuez le protocole de préparation (5 minutes).
- Créez la connexion énergétique avec l'autre personne dans le cas où vous faites la lecture sur autrui (pour une autolecture, le processus est le même).
- Demandez à votre intuition de laisser apparaître sur votre champ de conscience deux personnages, une femme et un homme,

qui représentent symboliquement les énergies intérieures, masculine et féminine, de la personne.

- Imaginez voir se dissoudre la physionomie de la personne en face de vous... Deux personnages apparaissent, simultanément ou l'un après l'autre. Soit une femme apparaît, représentant symboliquement le féminin intérieur, soit c'est un homme qui se manifeste en premier, représentant l'homme intérieur.
- Accueillez ce premier personnage et décodez-le. Par exemple, la femme se présente :
  - Décrivez-la en détail (physionomie, vêtements, âge, taille, la personnalité qui émane d'elle, si vous la percevez) ;
  - Que fait-elle, c'est-à-dire quelle est son activité (celle-ci est symbolique et révèle les potentialités de la personne) ?
  - Quelles sont ses forces, ses acquis et ses faiblesses, ses problèmes ?
  - Qu'est-ce que cela signifie pour la personne ? Quel lien existe-t-il entre ce personnage et la vie réelle de la personne « lue » ? Le décodage consiste en quelque sorte à faire le rapport entre cette image chargée de sens et l'énergie primordiale féminine de la personne en face de vous, ou de vous-même.
- De quoi la femme intérieure a-t-elle besoin pour se développer davantage ?
- Suivez le même processus pour l'homme intérieur.
- Ensuite, mettez en scène la femme intérieure et l'homme intérieur : mettez-les en présence l'un de l'autre et lisez la nature de la relation... Vous pouvez détecter, si tel est le cas, la zone de conflit, d'indifférence ou d'alliance, de ces deux parts de la personne que vous « lisez ».

- Voyez ! Que se passe-t-il ? Quel scénario jouent-ils ?
- Qu'est-ce que cela signifie pour la personne en ce qui concerne sa part à elle (c'est un reflet de la manière dont elle se vit intérieurement : cohérence, unité, ou au contraire indifférence, conflit, séparation, éclatement) ?
- Qu'est-ce que cela signifie pour la personne en ce qui concerne sa relation à l'autre : qu'est-ce qu'elle projette sur l'autre ?
- De quoi ces deux personnages intérieurs ont-ils besoin pour être ensemble de manière harmonieuse ? Qu'ont-ils besoin de faire, de modifier, d'améliorer ?

En créant un équilibre intérieur, vous déposez le terreau propice à l'éclosion d'une relation riche et consciente.

Vous pouvez effectuer des visualisations à la suite de cette lecture pour créer une modification des images symboliques qui sont ancrées en vous.

Si vous repérez des manques au sujet de votre masculin intérieur et/ou de votre féminin intérieur, fréquentez des personnes qui incarnent les valeurs ou les qualités que vous voulez développer en vous. Comme vous le savez, il se produit un échange d'énergie perpétuel dans toutes les relations. Cultivez donc la conscience et nourrissez-vous de l'effort et de la patience dans votre processus d'évolution.

Chaque jour, vous pouvez créer l'opportunité d'exprimer qui vous êtes dans toutes vos dimensions. Au terme de ce livre, vous avez toutes les clés utiles au développement et à la maîtrise de l'intuition.

Conclusion

Mettez de la magie dans votre vie

Au fur et à mesure que vous suivrez votre intuition, vous constaterez des changements dans votre manière de prendre des décisions et de les concrétiser. Peut-être vous sentirez-vous poussé à changer de travail, à mettre fin à une relation ou en démarrer une, à changer de comportement, etc.

Vous craignez peut-être qu'en suivant votre intuition vous ne deveniez égoïste ou soyez jugé comme tel? Rappelez-vous que le processus d'évolution vous amène à vivre votre vérité intérieure. Certes, cela peut être inconfortable ou insécurisant dans un premier temps, mais l'intuition, par nature, nous guide toujours vers le meilleur pour nous-mêmes. Ensuite, nous devons agir dans l'amour et le respect d'autrui.

En suivant notre intuition, nous apprenons à vivre dans la véritable sécurité intérieure tout en nous sentant vivifiés. Au fur et à mesure, notre confiance dans la vie grandit et nous pouvons même apprécier l'inconnu. Nous savons qu'il peut nous arriver de très belles choses.

Vous devriez maintenant avoir une meilleure idée de ce qu'est l'intuition et de ce vers quoi elle peut vous guider. À mesure que vous avancerez, revenez sur ce que vous avez appris dans ce livre. Acceptez que votre intuition vous éclaire sur tout ce que vous entreprenez et laissez-la vous guider vers l'étape suivante. Sachez que vous êtes nanti d'une force extraordinaire, et que grâce à votre intuition vous pouvez vivre vos rêves. Vous savez désormais comment provoquer dans votre vie de véritables coups de chance !

Glossaire

Anima : mot latin qui signifie « âme ». Dans la terminologie de Jung, « anima » est l'archétype caractérisant la fraction féminine de l'âme de la personne, la partie masculine étant désignée sous le terme « animus ». Le couple anima/animus est issu de celui représenté dans la mythologie par les couples divins. Selon Jung, il s'agit de symboles collectifs susceptibles d'exprimer la représentation du couple parental idéalisé. Sous l'influence de ces images, la personne mobilise son anima/animus dans le développement de sa personnalité.

Archétype : selon Jung, il s'agit de la structure universelle issue de l'inconscient collectif qui apparaît dans les mythes et les contes.

Aura : du latin *aura*, « souffle ». En médecine ancienne, il s'agit d'une vapeur, exhalaison subtile, que l'on supposait s'élever d'un corps.

Autre sens : bande de lumière colorée entourant tout être vivant, qui s'éteindrait avec la mort.

Feed-back : commentaire en retour.

Inconscient collectif : toujours selon Jung, c'est la structure psychique inconsciente résultant des acquisitions ancestrales qui se transmettent héréditairement.

Médiumnité : faculté que posséderaient certaines personnes de servir d'interprètes aux esprits.

Ombre : représente tout ce qui est écarté de la conscience comme étant incompatible avec le moi. Image qui caractérise un attribut noir et qui exprime l'inconscient individuel.

Parapsychologie : science qui étudie les aptitudes humaines surnaturelles ne semblant pas s'inscrire dans le cadre des lois scientifiques actuellement établies. Ces phénomènes hors normes ont une origine psychique, ou jugée comme telle.

Paranormaux : qualifie certains phénomènes dont le mécanisme et les causes sont inexpliqués par les connaissances scientifiques actuelles, et qui sont attribués à l'expression de forces de nature inconnue (psychokinésie…).

Psychique : qui concerne l'esprit, la pensée, la vie mentale dans tous ses aspects.

Psychokinésie : action directe supposée de l'esprit sur la matière qui donnerait lieu à des phénomènes tels que la déformation d'objets à distance, la lévitation…

Bibliographie

Gaston BACHELARD, *L'Intuition de l'instant*, Stock, 1992.

Alice A. BAILEY, *Réfléchissez-y*, Lucie Trust, New York, 1988.

Laurence BARANSKI, *Le Manager éclairé*, éditions d'Organisation, 2001.

Lise BARTOLI, « Apprenez l'autohypnose », les cahiers de *Psychologie magazine*, mars 2006 (p. 12).

Barbara Ann BRENNAN, *Guérir par la lumière*, Tchou, 1993.

Alain BRÊTHES, *Synchronicités, les signes magiques de la vie*, Oriane, 2000.

Sylvain BELANGER, *Devenez intuitif*, Quintessence, 2003 (pp. 36-37, 43-45, 61-63).

Dr Éric BERNE, *Que dites-vous après avoir dit bonjour?* Tchou, 1983.

Annie CHIGNIARD et Agnès HETROY, *Objectif changement : interrogez votre ressenti*, Le Souffle d'Or, 2005.

André CHRISTOPHE et François LELORD, *L'Estime de soi*, Odile Jacob, 1999 (pp. 11-23).

Daniel COLEMAN, *L'Intelligence émotionnelle*, Robert Laffont, 1997.

Marie COUPAL, *Le Rêve et ses symboles*, Mortagne, 1985

Encyclopédie universalis, « Intuition », « C.G. Jung », « Synchronicité ».

Laura DAY, *Guide pratique de l'intuition*, Ambre, 2006.

Jean CHEVALIER et Alain GHEERBRANT, *Dictionnaire des symboles*, Robert Laffont-Jupiter, 1982.

Thorwald DETHLEFSEN et Rüdiger DAHLKE, *Un chemin vers la santé*, Randin, 1990.

René EGLI, *Le Principe Lola ; la perfection du monde*, Olt, 1995.

Grand Robert de la langue française, 2001.

Grand Dictionnaire de la philosophie, Larousse-CNRS Édition, 2005.

Grand Dictionnaire encyclopédique, Larousse, 1983.

Isabelle FILLIOZAT, *L'Intelligence du cœur*, Jean-Claude Lattès, 1997.

Isabelle FILLIOZAT, *Trouver son propre chemin*, Pocket, 1992.

Shakti GAWAIN, *Comment développer son intuition*, Guy Trédaniel, 2001 (pp. 53-67, 108-109).

Judee GEE, *Comment développer votre intuition*, Dangles, 1995 (pp. 65-69, 105-109, 116, 217-220).

Gerd GIGERENZER, *Le génie de l'intuition*, Belfond, 2009.

Gilles GUYON, *Le Coaching pour tous*, Quintessence, 2005.

Robert HOPCKE, *Il n'y a pas de hasards*, Robert Laffont, 2000.

Thierry JANSSEN, *La Solution intérieure*, Fayard, 2006 (pp. 60-64).

Roland JOUVENT, *Le cerveau magique*, Odile Jacob, 2009.

Carl Gustav JUNG, *Dialectique du moi et de l'inconscient*, Gallimard, 1964.

Carl Gustav JUNG, *Ma vie*, Gallimard, 1964.

Carl Gustav JUNG, *Synchronicité et Paracelsica*, Albin Michel, 1988 (p. 43).

Pierre LASSALLE, *La Voie de la lumière*, Mortagne, 1991 (pp. 106-108, 205-206).

Pierre LASSALLE, *L'Animal intérieur*, Mortagne 1995.

Joy MANNÉ, *Le Dialogue intérieur*, Le Souffle d'Or, 1991.

Mario MERCIER, *Le Monde magique des rêves*, éd. Dangles, 1980.

Jean MONBOURQUETTE, *Apprivoiser son ombre*, Novalis-Bayard, 2003.

Michel NACHEZ, *Les États non ordinaires de conscience*, Marabout, 1997 (pp. 75,80).

« Avons-nous de l'intuition », *Nouvelles Clés* n° 36, hiver 2002.

« Notre besoin d'irrationnel », *Psychologie Magazine* n° 219.

« Intuition et synchronicité », *Recto-Verseau* n° 124, décembre 2001.

James REDFIELD, *La Prophétie des Andes*, Robert Laffont, 1994.

Hélène RENARD, *Dictionnaire des rêves*, Albin Michel, 1998.

Paule SALOMON, *Je peux changer*, Dervy 2000.

Neale Donald WALSCH, *Conversation avec Dieu*, Ariane, 1997.

Bernard WERBER, *L'Empire des Anges*, Albin Michel, 2000.

Pour l'éditeur, le principe est d'utiliser des papiers composés de fibres naturelles renouvelables, recyclables et fabriquées à partir de bois issus de forêts qui adoptent un système d'aménagement durable. En outre, l'éditeur attend de ses fournisseurs de papier qu'ils s'inscrivent dans une démarche de certification environnementale reconnue.

Imprimé en Allemagne par GGP Media GmbH, Poessneck
ISBN : 978-2-501-06811-6
4062469
janvier 2012